퍼스널 베스트

퍼스널 베스트

2010년 1월 11일 초판 1쇄 발행. 마크 우즈가 쓰고 나현영이 옮겼으며, 도서출판 샨티에서 이홍용과 박정은이 펴냅니다. 양인숙과 천소희가 편집을 하고 권기남이 마케팅을 합니다. 본문 및 표지 디자인은 김승일이 하였고, 필름 출력은 푸른서울, 인쇄는 영프린팅, 제본은 쌍용제책에서 각각 하였습니다. 출판사 등록일 및 등록번호는 2003. 2. 6. 제10-2567이고, 주소는 서울시 마포구 성산동 628-5, 전화는 (02)3143-6360~1, 팩스는 (02)338-6360, E-Mail은 shanti@shantibooks.com입니다. 이 책의 ISBN은 978-89-91075-58-0 03320이고, 정가는 12,000원입니다.

퍼스널
베스트

마크 우즈 지음 | **나현영** 옮김

【샨티】

차례

최선을 다해 자기 인생의 주인공이 되어야 하는 책임

우리가 정복하는 것은 산이 아니라
우리 자신이다

| 에드먼드 힐러리, 탐험가 |

나의 인생은 지금과는 완전히 다를 수도 있었다.

〈슬라이딩 도어스〉라는 영화를 본 적이 있는가? 이 영화는 우리가 인생에서 종종 마주치게 되는 흥미로운 질문 하나를 던진다. '만약 그때 내가 다른 길을 선택했다면 지금 어떤 인생을 살고 있을까?' 이 영화에서는 '선택한 길'과 '선택하지 않은 길'을 모두 보여준다. 영화의 주인공인 헬렌은 직장에서 해고당한 뒤 지하철을 타고 집에 가려고 한다. 그녀의 인생 한 갈래 길에서는 지하철을 타고, 다른 길에서는 지하철을 놓친다. '지하철역에 도착한 시간'이라는 임의적인 사건이 그녀의 인생을 완전히 다른 두 갈래 길로 갈라놓고 관객들은 각각의 인생이 어떻게 전개되어 가는지를 지켜본다.

무수히 많은 사건들이 우리의 인생을 결정한다. 결정적인 영향을 미치는 사건이 있는가 하면 그렇지 않은 사건도 있다. 나이를 먹

6

어 가면서 과거를 돌아보고 만일 다른 길을 선택했다면 어떻게 되었을까 궁금해하지 않는 사람이 있을까? 그 시험에 합격했다면 내 인생은 어떻게 되었을까? 그 직장에서 해고되지 않았다면? 지금 내 배우자를 만나지 않았다면?

나의 경우 항상 떠나지 않는 질문은 이것이다. '만일 암에 걸리지 않았다면 내 인생은 어떻게 달라졌을까?' 나는 그 답을 알고 있다고 생각한다.

암에 걸리지 않은 쪽의 나는 딱히 책임감이나 주위의 보살핌에 대한 부담을 느끼는 일 없이 여느 평범한 십대들처럼 자랐을 것이다. 학교 성적도 보통이었으니 고만고만한 대학에 가서 고만고만한 직장을 얻고 평범하게 살아갔을 것이다. 가정을 꾸리고 주택 담보 대출을 받아 집도 샀으리라. 인생의 유일한 탈출구로는 수영이 있을 것이다. 어렸을 때부터 수영을 잘했고 지금도 잘하니 수영 선수가 됐을 수도 있겠다. 하지만 주 대표 정도의 수준이었을까, 결코 아주 뛰어난 수영 선수는 되지 못했을 것이다. 그렇게 뛰어난 수영 선수가 되려면 보통의 십대는 상상도 할 수 없는 노력을 기울여야 한다. 어쨌든 나는 평범한 사람의 평범한 인생을 살았을 것이다.

〈슬라이딩 도어스〉라는 영화에서처럼 내가 선택한 길은 내가 선택하지 않은 길과 극명하게 대조된다.

처음 발목이 부어올랐을 때는 대수롭지 않게 생각했다. 하지만 생각한 것처럼 그리 간단한 문제가 아니었다. 비극이란 게 이렇게도 갑자기, 너무나 쉽게 올 수 있다는 사실이 더 놀랍기도 했다. 대체 무슨 일이 일어났냐고? 졸지에 암 환자가 되어 버린 것이다. 그 것도 그냥 암이 아니라 악성 골암이었다. 의사는 다리 일부를 절단하지 않으면 죽을 수도 있다고 했다. 그리고 설사 절단 수술을 한다 해도 살 확률은 50대 50이라고 했다. 그렇게 나는 왼쪽 다리를 잃었고, 여섯 차례의 화학 요법 치료를 받고 살아남았다.

인생의 유일한 탈출구는 수영이었다. 어렸을 때부터 수영을 잘했고 커서는 아주 뛰어난 수영 선수가 되었다. 의욕적이고 헌신적인 수영 선수였던 나는 영국 국가대표 선수로 발탁되었다. 죽음의 문턱까지 가본 경험은 얄궂게도 세상에는 상상했던 것보다 내가 할 수 있는 일이 훨씬 많다는 것을 깨닫게 해주었다. 나는 힘겨운 목표들을 세워 달성해 나갔다. 구슬땀을 흘리며 노력했고 인생의 오르막과 내리막에도 크게 흔들리지 않았다. 패럴림픽국제 신체장애인 스포츠 대회의 통칭과 각종 선수권 대회에서 금메달, 은메달, 동메달을 목에 걸었고, 암벽 등반과 자선 사업에도 도전했다. 그리고 책까지 썼다. 평범한 사람의 평범하지 않은 인생이다. 적어도 절반을 산 지금까지는 그렇다.

인생에 유감이나 후회는 없냐고? 아니, 단 한 순간도 그런 생각을 한 적은 없다. 물론 암이 내 인생의 축복이라는 말은 못하겠다. 마음에도 없는 무책임한 말일 테니까. 다른 사람이 나와 같은 일을 겪기를 바라지도 않는다. 하지만 암 투병 경험을 통해 나는 더 나은 사람이 되었다. 암은 나에게 인생에 전혀 다른 방식으로 접근할 수 있는 방법을 가르쳐 주었다. 다른 사람이 아닌 나 자신의 잠재력과 겨루는 법, 그리고 책임에 대해 가르쳐 주었다. 최선을 다해 자기 인생의 주인공이 되어야 하는 책임 말이다.

운이 좋다면 여러분도 학교에서 배우지 못한 것을 인생에서 배우게 될 것이다. 나는 매우 운이 좋은 편이다. 인생에 대해 엄격하지만 귀중한 가르침을 얻었으니까. 이제 내가 얻은 가르침을 여러분과 나누고 싶다.

마크 우즈

나의 짧은 이력

1985년 여름

열여섯 살. 여름 방학이 시작되는 어느 토요일이었다. 발목이 부어 오르더니 걸을 수 없을 만큼 아파 왔다. 꼼짝 없이 누워 차를 홀짝이며 텔레비전이나 보는 게 할 수 있는 일의 전부였다. 달이 바뀌도록 헤아릴 수 없이 많은 검사를 받은 결과 관절염의 일종이라는 진단을 받았다.

1986년 크리스마스

다리를 절게 된 지 거의 1년이 넘었다. 왼쪽 발목의 상태가 점점 악화되고 있었다. 다시 병원을 들락거리며 의사들을 만났다. 뼈 조직 검사를 받고 나서야 무언가 심각한 일이 벌어지고 있음을 알았다. 이때까지는 그저 어디가 잘못된 것인지 알고 싶은 마음뿐이었다. 크리스마스를 2주 앞두고 결과를 알게 되었다. 암이었다. 왼쪽 다리를 절단해야 한다고 했다. 이번에는 암 센터에서 더 자세한 검사들을 받았다. 크리스마스가 눈 깜박할 사이에 지나갔고, 중간 중간 걱정스러운 얼굴로 친지들이 방문했다. 나는 다리가 하나밖에 없어도 할 수 있는 일과 못하게 되는 일을 생각하며 보냈다.

10

1987년 새해

닷새 동안의 첫 화학 요법 치료가 새해와 겹쳤다. 오후에 병원에 갈 때까지만 해도 나는 화학 요법 치료가 정확히 어떤 것인지, 그것이 앞으로 나에게 어떤 영향을 미칠 것인지 모르고 있었다.

치료를 시작한 지 여섯 시간이 지난 후에 나는 비로소 화학 요법 치료라는 게 무엇인지 이해했다. 죽기까지는 어느 정도 시간이 걸리는 암보다 당장 이 화학 요법 치료 때문에 죽을 수도 있겠다는 두려움이 밀려왔다.

1987년 1월

수술 날짜가 가까워졌다. 1987년 1월 20일이었다.

수술 전에 아버지께 다리 하나로도 할 수 있는 일을 찾고 싶다고 말씀드렸다. 수영이 그 답인 것처럼 보였다. 주 대표까지 했으니 다리 하나로 수영하는 일이 불가능해 보이지는 않았고 장애인을 위한 수영 대회도 있을 것 같았다. 아버지는 내가 수술도 받기 전에 6월에 열리는 영국 장애인 수영 선수권 대회에 내 이름으로 참가 신청을 하셨다.

수술이 끝났고 나는 나름의 방식으로 잘 참아냈다. 고통은 걱정했던 것만큼 무시무시하지는 않았지만, 이미 절단되고 없는 다리에서 느껴지는 환상통幻想痛은 무섭고 끔찍했다. 하지만 그 시간도 결국은 흘러갔고, 2월 1일에는 내 생애 가장 잊지 못할 열여덟 번째 생일 파티를 할 수 있었다.

11

1987년 1월부터 6월까지

계속되는 화학 요법 치료에 몸도 마음도 지쳐 갔다. 체력이 바닥나고 마음도 약해졌다. 의족을 맞췄다.

1987년 5월

암 병동 밖에서는 일상적인 생활을 유지하려고 안간힘을 썼다. 수영 시합에 출전한 우리 학교 수영 팀을 응원하러 갔다.

1987년 6월

드디어 화학 요법 치료가 모두 끝났고, 나는 말 그대로 반쪽이 되었다. 몸무게도 잃고 다리도 잃었다.

　아버지가 6개월 전에 참가 신청을 했던 장애인 수영 선수권 대회에 출전했다. 놀랍게도 나는 첫 출전에서 메달을 세 개나 땄다. 길고 지루했던 싸움에서 벗어나 이제 내가 기꺼이 헌신하기로 선택한 싸움을 시작하는 기분이었다.

1987년 6월 이후

항암 치료가 모두 끝나자 수영이 차지하는 비중이 점점 늘어났다. 그리고 다리 하나로 다리가 둘이었을 때의 개인 기록을 깼다.

1988년 10월

화학 요법 치료를 받고 18개월이 지났다. 경과도 좋고 운도 좋아 한

국에서 열린 서울 패럴림픽에 영국 국가대표 선수로 참가하는 기쁨을 누렸다. 금메달 두 개, 은메달 한 개, 동메달 두 개의 준수한 성적을 올렸다. 죽음을 기다리던 병원 침상에서 환희와 영광의 무대인 시상대로 나의 인생은 급격히 역전되었고, 이렇게 빨리 병을 딛고 일어선 것에 나와 가족 모두 감격했다.

1988년부터 2000년까지

12년 동안 내게는 수영이 최우선이었다. 네 살 때 수영을 처음 가르쳐 주셨던 아버지는 서울 패럴림픽에서 내 코치를 맡아 주셨다. 대학에 가서는 새로운 코치를 만났고, 대학을 졸업하고도 계속 수영에 전념했다. 언제나 나의 가장 든든한 팬인 부모님의 응원에 힘입어 바르셀로나와 애틀랜타 패럴림픽에서 메달을 땄다.

2000년 10월

개인적으로 네 번째 참가하는 패럴림픽인 시드니 패럴림픽에서 금메달을 따는 것이 이 해의 목표였다. 모든 준비는 순조로웠고 내가 속한 4×100미터 자유형 계영네 명이 한 조가 되어 동일한 거리를 왕복하면서 속도를 겨루는 종목팀은 이번 대회 강력한 금메달 후보였다. 그런데 시드니행 비행기를 타기 이틀 전 아버지가 뇌졸중으로 갑자기 돌아가셨다. 나는 비행기 표를 취소하고 형과 어머니를 도와 장례 절차를 밟으며 그 끔찍한 서류들을 처리했다. 남은 가족들은 커다란 충격을 받았다. 나는 어머니 곁에 남아 힘이 되어 드리고 싶었지만 가족들과 얘기를 나눈 끝에 시드니 대회에 참가하기로 결정을 내렸다. 아버지는 내가 당신 때문에 대회를 포기한 사실을 알면 스스로를 탓하며 몹시 괴로워하셨을 것이다.

그래서 장례식 바로 다음날 나는 시드니까지 길고 외로운 비행을 했다. 내 인생에서 가장 힘들었던 일 중의 하나였다. 팀 동료들은 나를 기다려 주었고 어려운 시기를 극복하도록 도와주었다. 시합은 명승부였다. BBC의 스포츠 해설자 스튜어트 스토리가 시드니 패럴림픽 하이라이트의 하나로 꼽았을 정도였다. 우리는 금메달을 땄다. 2000년 10월의 이 한 주는 내 인생에서 최고이자 최악의 한 주였다.

그리고 지금

수영 선수로는 은퇴를 했지만 나는 여전히 새로운 일에 도전하고 있다. 동기 부여를 주제로 대중 강연을 하고 있고, 십대 암 재단 일을 맡고 있기도 하다.

내 인생의 기뻤던 순간들과 힘들었던 순간들을 이렇게 하나로 정리해 놓으니 그 모든 경험들이 당시 내게 어떤 영향을 미쳤고, 또 지금까지도 어떤 영향을 미치고 있는지 한눈에 보게 된다. 가족들과, 나와 같은 암 환자들, 그리고 의사들과의 대화를 통해 나는 힘든 상황을 헤쳐 나갈 힘을 얻을 수 있었다. 나는 인생에서 많은 걸 잃었지만 그 대가로 인생 그 자체를 소중히 여기는 마음을 얻었다.

★

1

인생의 관객이
되지 마라

★

행동하기로 마음먹었으면 담대한 용기를 가져라.

| 월터 스코트, 뉴질랜드의 등산가이자 탐험가 |

★

삶을 사랑하는가? 그렇다면 시간을 낭비하지 마라.
인생은 시간이라는 재료로 이루어져 있다.

| 벤저민 프랭클린, 미국의 정치가이자 과학자 |

진단을 받다

우리 가족은 새벽 1시 30분경 집으로 돌아왔다. 나한테는 아직 초저녁이었지만 부모님은 벌써 잠자리에 드셨어야 할 시간이었다. 매년 크리스마스에 우리 학교에서 열리는 학부모 모임 모금 행사는 올해도 대성공이었다. 나는 특히 열 개의 경품 중 여섯 개를 휩쓸었다. 동네 정육점에서 만든 커다란 햄 한 덩어리, 독일산 화이트 와인 한 병, 크리스마스 푸딩 하나, 초콜릿 상자 두 개, 어김없이 등장하는 올드 스파이스의 애프터 셰이브와 방취제 선물 세트까지 수확이 쏠쏠했다.

우편함 사이로 담당 의사인 왓킨스 선생님이 급하게 흘려 쓴 쪽지가 삐죽이 나와 있었다.

모리스 씨, 몇 시라도 좋으니 도착하면 875419번으로 전화 주십시오. – 왓킨스

"너무 늦은 거 아니에요?"

아버지께 하는 말인지 혼잣말인지 모르게 어머니가 중얼거렸다. 그러나 아버지는 이미 번호를 누르고 있었다.

"아니야, 왓킨스 선생님은 우리가 한시라도 빨리 결과를 듣고 싶어한다는 걸 아실 거야."

"여보세요, 왓킨스 선생님이시죠? 모리스 우즈입니다. 알겠습니

16

다…… 네…… 네…… 그럼 5분 후에 뵙겠습니다." 아버지는 수화기를 내려놓고 부엌으로 왔다.

"선생님께서 독한 술이라도 한 잔 마시고 마음의 준비를 하면서 기다리라는구나. 지금 이리로 오시겠다고."

어머니는 왓킨스 선생님께 드릴 차를 준비하느라 주전자에 불을 붙이고 가장 좋은 찻잔과 받침대를 꺼내 쟁반에 놓으셨다. 나는 형 이언을 흘끔 쳐다보았고, 형은 어머니를 쳐다보았다. 아버지는 허공을 응시하고 계셨지만 머릿속은 몹시 복잡하셨을 것이다.

이윽고 집에 들어선 왓킨스 선생님은 2주 전에 마지막으로 봤을 때보다 어쩐지 더 나이 들어 보였다. 선생님은 자리에 앉자마자 에두르지 않고 본론으로 들어갔다.

"조직 검사 결과가 몹시 궁금하실 겁니다. 저도 결과가 궁금해서 에반스 씨를 찾아갔는데 극구 다른 의사의 소견을 먼저 들어 봐야 겠다고 하더군요."

찻잔과 받침대를 든 그의 손이 떨렸다. 살짝도 아니고 어찌나 와 들와들 떠는지 서투른 배우가 떨리는 연기를 하느라 애쓰는 장면을 보는 것 같았다.

"하지만 이제 확실해졌습니다. 아드님은 골육종, 즉 골암에 걸렸 습니다. 무릎 아래 다리를 절단하고 여섯 차례의 화학 요법 치료를 받아야 합니다."

아버지의 눈에 눈물이 차올랐다.

"다리를 자르지 않겠다면요?" 내가 물었다.

"그럼 너는 죽는단다." 말이 끝나기가 무섭게 선생님이 말했다. "골암은 암 중에서도 가장 악성이라 가능성 있는 치료 방법은 이것 밖에 없단다. 너는 먼저 한 차례 화학 요법 치료를 받고 절단 수술을 하게 될 거야. 그리고 나머지 다섯 번의 화학 요법 치료를 받을 거란다."

나는 자리를 떠나 부엌으로 갔다. 개수대에 기대어 서니 어느새 울음이 터져 나왔다.

"마크, 울지 마." 뒤따라온 형이 나를 위로했다.

"왜 나한테 이런 일이 생기는 거야? 왜?"

"괜찮아질 거야. 우리가 있잖아."

그때 내 머리를 스친 생각이 있었다. 친구들이나 이웃들이 이 사실을 알면 뭐라고 할까? 내가 아는 사람들 중 누군가가 암에 걸렸다면 나는 뭐라고 했을까? 아마 조금은 마음이 쓰였겠지만 여전히 잘 살았을 것이다. 심지어 그 소식을 듣고도 저녁엔 무얼 먹을까 고민했을 것이다.

"형 말이 맞아. 다 잘 될 거야." 나는 형에게 말해 주었다.

"나한테 무슨 일이 생겼다고 세상이 바뀌진 않을 테니 나도 흔들리지 않을 거야. 내가 암에 걸려도 사람들이 여전히 잘 살아간다면 나도 잘 살아 보이겠어."

이러한 생각이 그 상황에서 얼마나 사리에 맞는 것이었는지는 모르겠지만 당시에는 마음이 훨씬 편해지는 게 느껴졌다. 내게 남은 생이 6개월일지, 6년일지, 아니면 60년일지 나는 몰랐다. 하지만 그

18

순간부터 최선을 다해 내 남은 인생을 살게 될 것임은 확실했다.

그 일이 있기 전까지 나는 하루하루 흘러가는 인생에 만족하는 평범한 십대 소년이었다. 그러나 그날 밤은 내 인생에 돌이킬 수 없는 전환점이 되었다. 엉덩이를 걷어차인 것처럼 정신이 번쩍 들며 내가 더 이상 삶을 앉아서 기다리고만 싶어하지 않는다는 사실을 깨달았다. 바로 그 순간부터 온 힘을 다해 내 운명은 내가 만들고 싶다는 생각이 싹튼 것이다.

내 인생의 주인공으로

갑자기 암 환자의 세계에 발을 들여놓기 전까지 나는 매일 만나는 대부분의 사람들과 다를 바가 없었다. 앉아서 삶을 기다리기만 했다는 점에서. 매일매일 무슨 일인가 생겼지만 내가 나서서 무언가를 한 적은 별로 없었다.

인간은 누구나 죽는다. 세포 하나하나는 만들어지는 순간부터 죽도록 예정되어 있다. 피부 세포 하나하나, 머리카락 세포 하나하나, 혈구 하나하나에는 미리 주어진 수명이 있고 그 수명이 끝나면 자멸한다. 과학자들은 이것을 '세포 자멸사'라 부르는데, 세포의 죽음이 미리 예정되었다는 뜻이다.

그러나 때로 세포 안에 이상이 생긴다. 어떤 이유에서 DNA에 손상이 생기면 세포가 돌변하는 것이다. 암세포가 생겨나고, 일단 기회를 얻은 암세포는 무서운 생명력을 보인다. 암세포는 모세포가 수행하던 임무를 중단하고 최대한 오래 버틸 속셈으로 스스로를 복제하며 분열을 시작한다. 암세포는 자멸하지 않는다. 암세포의 특징이 있다면 끈질기다는 것이다. 모든 암세포는 살아남기 위해 발버둥 친다. 암세포를 제거할 수 있는 유일한 방법은 독살하거나 방사선을 쬐어 억제시키는 것인데 이런 방법을 항암 화학 요법 치료라 한다.

사람들은 암을 두려워한다. 그들은 마치 세포들이 엿듣기라도 하듯 숨죽여 가며 암에 대해 이야기한다. 모든 암은 살아남기 위해 애쓰지만 결국 어떤 희생을 무릅쓰고라도 살아남으려는 몸부림은 숙주_{생물이 기생하는 대상으로 삼는 생물}인 인간의 사망과 함께 끝나 버린다.

말하자면 나는 이 암세포들과 그 생존에 대한 갈망을 마주하고 나서야 비로소 절실하게 살아남겠다는 결심을 하게 되었다. 나는 내 인생의 관객이 아니라 주인공이 되려 하고 있었다. 나 자신도 이런 부류지만 어떤 사람들은 엄청난 대가를 치르고 나서야 삶은 스스로 만들어 가는 것임을 깨닫는다.

많은 이들이 인생의 위기를 계기로 진정한 삶을 시작한다. 이들은 임사 체험near death experience이나 사랑하는 사람을 떠나보낸 슬픔 등을 지난 삶을 돌아보고 앞으로의 삶을 계획하게 해 준 사건들로 언급한다. 이러한 사건들을 통해 자신의 인생을 반성해 볼 시간을 갖게 되는데, 이 체험은 무척 강렬하여 한 개인의 남은 삶을 근본부터 바꾸어 버린다. 이들은 자기 삶의 주인공이 되기로 마음먹는다. 그렇다면 갑자기 죽을 운명과 마주쳐 보지도 못하고 끔찍한 상실이나 충격을 겪어 보지도 못한 사람들은 어떻게 해야 하는가? 여전히 수동적인 삶을 살고 있는 사람들은? 물론 일부러 힘든 경험들을 찾아다니라고 충고할 생각은 없다. 그런 고난을 겪은 이들의 경험에서 배우는 방법이 있기 때문이다.

평범한 삶을 거부하라

역사는 인생을 전력 질주한 사람들의 이야기로 가득 차 있다. 이들은 안주하지 않고 목표를 향해 나아가다가 마침내 훌륭한 업적을 이룬 사람들이며, 변화를 따르기보다 변화를 앞서갔던 이들이다.

윈스턴 처칠 경과 같은 위대한 지도자나 테레사 수녀 같은 박애주의자에 관한 이야기는 누구나 알고 있을 것이다. 이들의 업적은 전 세계에 알려져 있다. 그러나 기회를 활용하고 열정이 이끄는 주도적인 삶을 산 사람들이 이들만 있는 것은 아니다. 역사의 기록을 조금만 찾아보면 평범을 거부한 보통 사람들의 조금은 덜 유명한 이야기들을 셀 수 없이 만나게 된다.

1961년에 진 니데치는 뉴욕 퀸스에 사는 평범한 중년 주부였다. 다른 여성들처럼 그녀의 관심사도 날씬한 몸매를 가꾸는 것이었다.

니데치는 남들처럼 적당히 살과 씨름하고 정작 체중 감량에는 별 효과를 못 보면서도 최신 다이어트 방법들을 따라하며 그럭저럭 만족할 수도 있었다. 그러나 그녀는 행동하는 쪽을 택했다. 그녀는 친구 여섯 명을 집으로 불러 가장 흔한 어려움이 무엇인지 이야기를 나누었다. 다음 모임에서 그녀는 뉴욕 시 보건국이 운영하는 비만 클리닉에서 입수한 체중 감량 계획표를 복사하여 나눠 주었다.

두 달 만에 친구들끼리 만든 이 작은 모임의 참가자는 40명 정도로 늘어났고, 니데치의 허리 치수는 모임의 다른 여성들처럼 눈에 띄게 줄어들었다. 처음 약 88킬로그램이었던 그녀의 몸무게는 61

킬로그램까지 줄었다. 집단 다이어트는 분명히 효과가 있었다.

1963년, 그녀의 집에 모이기에는 모임의 규모가 너무 커버리자 니데치는 퀸스에 극장을 하나 빌렸다. 50명 정도가 올 거라고 예상 했으나 모인 인원은 무려 400명이었다. 점점 이 모든 일들을 혼자 관리하기가 버거워진 니데치는 앨 리퍼트라는 동업자를 구해 웨이 트 와처 사를 설립했다. 니데치는 15년 동안 회사를 운영하다가 1978년 하인츠 기업에 회사를 매각했고, 1998년까지 자신이 창업 한 이 브랜드의 고문으로 일했다.

조지 머서 도슨은 인생에서 그다지 멋진 출발을 하지 못했다. 1849년 캐나다 노바 스코티아 주의 픽토에서 태어난 그는 어렸을 때 척추 결핵을 앓았다. 병마가 지나간 후에는 곱사등이가 되었고 발육은 열두 살 어린이 수준에서 멈추었다.

그러나 도슨은 자신의 불운을 불평하거나 무기력하게 집안에서 병자로 지낼 생각은 전혀 없었다. 초기에는 학교도 가지 못할 정도 로 아파서 집으로 선생님을 불렀다. 오랜 회복기와 휴양기가 지난 후에는 시간제 학생으로 캐나다의 맥길 대학교에서 공부했고, 그 다음에는 영국의 왕립 광업 학교에 다녔다.

1873년 스물넷의 나이로 캐나다에 돌아온 도슨은 '영국 왕립 북 아메리카 경계측정위원회'의 지질학자 겸 식물학자로 임명되었다. 그 후 20여 년 동안 도슨은 지질 조사를 다니며 수천 킬로미터를 여 행했다. 서부 온타리오에서 브리티시컬럼비아와 유콘 강, 베링 해를 지나 로키 산맥까지 그의 발길이 닿지 않은 곳이 없었다.

그는 아주 조금씩 꼼꼼하게 캐나다의 광대한 영토를 지도로 그려 나갔고, 말을 타고, 기차나 증기선이나 카누를 타고, 심지어 걸어서 수많은 산맥과 호수와 계곡 들을 답사했다. 엄청난 신체적 제약이 따랐지만 도슨은 그 모두를 극복했다.

그는 캐나다 지질 조사국의 고생물학자이자 수석 지질학자로 임명되었고 나중에는 국장에까지 올랐다. 1896년에는 아메리카 지질학회의 회장으로 선출되기도 했다. 도슨은 과학적 업적에 더하여 귀중한 역사적 유산까지 남겼다. 그가 여행 중에 찍은 사진 자료들은 현대 캐나다의 탄생과 빛나는 삶을 산 한 남자의 놀라운 생애를 기록하고 있다.

1944년 7월의 어느 무더운 여름날, 미국의 한 젊은 흑인 여성이 볼티모어 행 그레이하운드 버스에 올랐다. 스물일곱 살로 두 아이의 엄마였던 그녀는 병원에 가는 길이었다. 그녀는 흑백 분리법에 따라 '유색인'들의 자리로 지정된 버스 뒷좌석 가까이에 앉았다. 뒤따라 버스에 오른 백인 한 쌍이 자리 양보를 요구하자 그녀는 거절했으며 옆에 앉은 다른 흑인 여성들 — 그중에는 아기를 안은 엄마도 있었다 — 에게도 그대로 앉아 있으라고 말했다. 버스 운전사는 가까운 보안관 사무실로 차를 몰았고 유치장 앞에 차를 세운 뒤 보안관을 불러 그녀를 체포하게 했다. 보안관이 다가오자 그녀는 버스표를 갈가리 찢어 버리며 자기를 버스에서 끌어내리려는 부관

24

과 몸싸움을 벌였다.

후일 《워싱턴 포스트》 지와 가진 인터뷰에서 이 여성은 당시를 이렇게 회상했다. "부관이 내 몸에 손을 대자마자 남자의 급소인 그곳을 발로 찼죠. 그 사람이 비틀거리자 다른 사람이 또 나를 잡으러 왔어요. 날 붙들어 버스에서 끌어내리려고 하기에 콱 물어 버리려다가 행색이 너무 지저분해서 할퀴는 것으로 대신했어요. 아예 셔츠를 다 찢어 버렸지요."

그녀는 공무 집행 방해죄와 흑백 분리법 위반 혐의로 수감되었다.

이쯤 되면 몇몇은 로자 팍스라는 이름을 떠올리겠지만 이 여성은 다른 인물이다. 이 흑인 여성의 이름은 아이린 모건으로, 로자 팍스가 앨라배마로 가는 버스에 올라 후일 흑인 인권 운동의 어머니로 유명해지게 되는 것은 이 사건으로부터 10년 후이다.

법정에서 모건은 흑백 분리법을 어기지 않았다고 변론했지만 결국 유죄를 선고받고 10달러의 벌금형에 처해졌다. 웬만한 사람들이라면 수백 년 동안 내려온 미국 사법 체계의 역사와 권위에 눌려 벌금을 지불하고 끝냈겠지만, 모건은 달랐다.

그녀는 항소를 했고 그녀의 변호사는 사건을 버지니아 주 대법원까지 끌고 갔으며, 대법원에서는 각 주를 연결하는 버스에 한해 흑백 분리법에 따른 좌석 분리 정책을 폐지한다는 역사적인 판결을 내렸다. 비록 남부의 주들은 버지니아 주 판결을 따르기를 거부했지만 모건의 행동은 '자유 승차단freedom rides' 운동에 불을 붙였다. 최초의 자유 승차단은 인종평등회의CORE의 흑인과 백인 회원 열여덟 명으로 구성되었는데, 이들은 서로 자리를 바꿔 백인은 버스 뒤에 타고 흑인은 앞에 탄 채로 남부 전역을 도는 '화해의 여행' 을 떠났다. 이 운동은 참가자 대부분이 줄줄이 사슬에 엮여 90일간의 노동형에 처해지는 것으로 끝났다.

이후로도 아이린 모건은 스스로 행동하지 않았다면 불가능했을 삶을 살았다. 그녀는 라디오 콘테스트에서 우승해 장학금을 받았고, 예순여덟의 나이에는 방송 통신학 학사 학위를 따기 위해 공부를 시작했다. 도시학에서 석사 학위를 땄을 때는 무려 일흔세 살이었다.

보통 사람들의 문제점은 어떤 일을 하면서 98퍼센트의 노력만을 기울이고도 쉽게 만족한다는 것이다. 나머지 '2퍼센트' 에 도달하는 사람은 극히 드물지 모르지만 평범과 비범을 가르는 것은 바로 이 작은 차이다. 먼저 이 나머지 2퍼센트를 달성하고야 말겠다는 결심을 하라. 이 2퍼센트를 달성하는 데 절대 빠른 길이나 쉬운 길은 없으며 처음 98퍼센트를 달성하는 것보다 훨씬 오랜 시간이 걸릴지도 모른다. 아니, 사실은 남은 인생 전부를 바쳐야 할지도 모르는 일이다.

행운도 선택하는 것

나는 운이 좋았다. 내 삶 전체를 새롭게 돌아볼 기회를 얻었기 때문이다. 세상에는 나처럼 인생에서 중대한 시련을 겪은 이들이 많다.

그 시련은 때로 중병이나 실직이나 가까운 친지와의 사별이고, 때로는 실패나 사고이며 정신적으로나 신체적으로, 또는 그 모두에 상처를 입히는 사건이기도 하다.

내가 다른 사람보다 운이 좋았던 것은 어린 나이에 시련을 겪었기에 거듭날 기회가 충분했다는 점이다. 물론 훨씬 나이가 들어 시련을 겪는다 해도 충분히 행동하는 사람으로 거듭날 수 있다. 그리고 내가 운이 좋았던 더 큰 이유는 내가 주어진 상황에서 부정적인 면보다는 긍정적인 면을 더 많이 보는 사람이라는 데 있었다. 자신에게 닥친 인생의 시련을 긍정적으로 받아들이기는 쉬운 일이 아니다.

《행운의 법칙》이란 책을 쓴 심리학 교수 리처드 와이즈먼은 행운을 대하는 사람들의 태도를 연구했다. 실험에는 매우 다양한 부류의 사람들이 참여했다. 양 극단의 한쪽에는 스스로 매우 운이 좋다고 생각하는 참가자들이 있었고, 반대쪽에는 매우 운이 나쁘다고 생각하는 참가자들이 있었으며 나머지는 그 사이에 분포했다. 와이즈먼 교수는 400명의 참가자들에게 다음과 같은 가상의 상황을 주고 다양한 반응들을 기록했다.

"당신은 수표를 바꾸러 은행에 갑니다. 줄을 서서 기다리고 있는데 갑자기 은행에 강도가 들이닥칩니다. 아수라장 속에 한 발의 총성이 울리고 당신은 다리에 총상을 입습니다. 하지만 생명에는 지장이 없다고 합니다. 당신의 반응은?"

한 무리의 사람들은 "왜 항상 그런 일은 나한테만 일어나죠?"

"재수 없게 꼭 내가 가면 그런 일이 터진다니까요" "역시 인생은 불공평하군요"와 같은 대답을 했다.

다른 무리의 사람들은 "글쎄요, 최악의 상황이었다면 그 자리에 있던 모두가 죽을 수도 있었는데 최악은 면했군요" "살아 있다니 운이 좋은데요"와 같이 대답했고, 극단적인 사례로는 이런 대답도 있었다. "이야, 엄청난 행운인데요. 내가 겪은 걸 책으로 쓸 수도 있잖아요!"

분명 참가자 전원에게 동일한 상황을 주었으므로 다른 것은 오직 그 상황을 대하는 개인들의 태도였다. 누구나 자신이 어느 그룹에 속하는지 분명하게 알고 있다. 당신은 스스로 재수가 없다고 생각하는 사람인가, 아니면 행운이 함께한다고 믿는 사람인가?

운도 스스로의 선택에 따라 만들어 나가는 것이다. 우리는 긍정적인 생각과 태도를 취할 수도 있고 그 반대를 취할 수도 있지만 반드시 긍정이 부정을 앞지르도록 해야 한다.

분노를 끊는 법

나에게 왜 이런 일이 생겼을까, 원망하고 있을 시간은 없다. 원망과 분노에 시간을 쏟느니 인생의 시련들을 새로운 도약의 기회로 삼는 편이 훨씬 낫다. 말처럼 쉽지는 않겠지만 넬슨 만델라를 본보기로 따라해 보는 것은 어떨까? 분노하는 데도 자격이 필요하다면 넬슨 만델라처럼 자격을 갖춘 사람도 드물다. 만델라는 흑백 분리 정책에 항거하다가 억울하게 감옥살이를 하며, '남아프리카 공화국 형법 체계의 가장 냉혹하고 무자비한 기지'로빈 섬에서 27년 동안이나 야만적인 수감 생활을 견뎌냈다. 다음 세대들의 노력으로 무죄 석방된 만델라는 그의 석방을 명령하고 그를 도와 정부를 운영한 F.W. 데 클레르크와 '흑백 분리 정책을 평화롭게 종식시키고 새롭고 민주적인 남아프리카 공화국의 기초를 놓은 공로'로 1993년 노벨 평화상을 공동 수상했다. 시상식에서 노르웨이 노벨 위원회 위원장은 다음과 같이 말했다. "감옥에서 석방된 후 만델라의 행보에 원망과 분노가 전혀 없다는 점에 많은 이들이 주목해 왔습니다. 그는 자신에게 주어진 막중한 의무가 없었더라면 분노에 사로잡혔을지도 모른다고 말한 바 있습니다."

만델라가 27년을 감옥에서 보낸 뒤 분노와 증오에 빠져 지냈다면 오늘날의 만델라가 있었을까? 그의 강인한 정신력에 감사할 일이다.

그러나 지나온 삶을 돌아보게 하는 인생의 굴곡들을 만나지 못한 사람들을 상기해 보자. 이들은 어떻게 해야 할까? 어쩌면 속으로 '내가 살아온 방식을 꼭 돌아봐야 하나?' 하고 자문해 보는 이들도 있을 것이다. 좋은 질문이다. 정말 그럴 필요가 있을까?

다음의 통계 자료들을 보면 답을 얻을 수 있을 것이다.

◆ 미국인들은 1년에 평균 52일을 텔레비전 앞에서 보낸다. 70년을 살면 평생 텔레비전 시청에 보내는 시간은 10년, 생후 처음 10년을 제외하면 8.5년이다.

◆ 영국에서 직장인들의 평균 통근 시간은 하루 45분이다. 하루 8시간 일한다면 1년에 34일의 근로 일수와 맞먹는 시간이다. 18세부터 65세까지를 경제 활동 시기로 보면 평생 직장을 오가는 데 보내는 시간은 4년 3개월이다.

◆ 세계화장실협회wTO가 조사한 바에 따르면—이런 협회가 정말 있다—평생 화장실에서 보내는 시간은 3년이다.

◆ 70년을 사는 사람이 하루 평균 7시간의 수면을 취한다면 평생 자는 데 보내는 시간은 20년이다.

◆ 베이징 사람들의 하루 평균 식사 시간은 1시간 42분이다. 1년이면 25일이고, 70년을 사는 사람이 평생 밥 먹는 데 보내는 시간은 5년이다.

◆ 50세가 넘은 사람이 평생 줄 서는 데 보내는 시간은 5년, 잃어버린 물건을 찾는 데 보내는 시간은 1년이다.

일상적인 활동 몇 가지만 놓고 봐도 70년을 사는 사람이 먹고, 자고, 화장실에 가고, 출퇴근하고, 텔레비전을 보고, 줄을 서고, 잃어버린 물건을 찾느라 보내는 시간이 무려 47년 6개월이다!

삶을 이런 시각으로 바라보면 우리가 정말 중요한 것들을 할 수 있는 시간은 실제 거의 없다는 사실을 알게 된다. 당신이라면 텔레비전을 보거나 출퇴근을 하거나 잠자는 것에 가치를 두겠는가, 아니면 가족들과 시간을 보내고 친구들과 여행을 하는 것에 가치를 두겠는가? 만일 자신의 일을 사랑하지 않는 사람이 직장에서 보내는 시간까지 이 뺄셈에 포함시킨다면 남은 시간은 정말로 짧다. 하루하루 정신없이 살아가기에도 바쁜 우리에겐 좀처럼 걸음을 멈추고 자신을 돌아볼 시간이 없다. 나는 암 덕분에 원치 않아도 내가 살아온 날들과 앞으로 살아갈 날들에 대해 생각할 시간을 갖게 되었다. 나는 먼 길을 돌아갔지만 여러분은 부디 이 책을 길잡이 삼아 목적지를 찾기 바란다.

지금 바로 시작하라

이 책에는 내 삶에서 길어낸 이야기와 지혜들이 담겨 있으며 갑자기 닥친 시련을 긍정적인 결과로 바꾼 방법들이 자세히 설명되어 있다. 내 방식이 옳으니 무조건 따르라고 할 생각은 없다. 나는 투병 생활과 뒤이은 수영 선수 생활을 통해 인생에 대한 값진 가르침들을 얻었고 여러분과 이 가르침을 나누고 싶을 뿐이다. 이 책의 안내를 처음부터 끝까지 따라도 좋고 일부만 따라도 좋다. 여러분이 무엇을 하고자 하든지 자신의 한계를 넘어 최고를 이루는 데 도움이 될 것임을 믿어 의심치 않는다.

이 모험에 나서기 위해서는 필요할 때마다 꺼내 쓸 무기가 있어야 한다. 여기서 무기란 더 나은 삶을 위해 변화하는 방법을 일러주는 아이디어들을 말하는데, 이 책에는 다음과 같은 무기들이 여러분을 기다리고 있다.

● 최선을 다하기

자신의 진정한 잠재력을 알고 있는 사람은 극히 드물다. 남들보다 늦게 출발했더라도 당신은 생각보다 더 많은 일을 이룰 수 있다. 신체적으로나 정신적으로나.

32

● 지속적인 목표 설정

여행을 떠나면서 자기가 어디를 가야 할지 모른다면 금세 지친다. 목표가 있는 사람은 목표가 없는 사람보다 더 탁월한 성과를 낸다. 적절한 목표를 선택하라.

● 동기 부여

'왜'라는 질문을 빼놓을 수 없다. A부터 B까지 가는 데는 이유가 있어야 한다. 동기가 없다면 어떤 목표도 달성할 수 없다. 분명한 동기 중 하나는 돈이 될 수도 있다. 그러나 돈은 반드시 가장 효과적인 동기는 아니다. 자신의 한계를 넘기 위해서는 금전적 보상 이외의 다른 동기가 훨씬 중요하기 때문이다.

● 협동의 중요성

우리 모두는 하나 이상의 그룹에 속해 있다. 직장에서 맺어진 관계가 아니더라도 혈연이나 친분으로 맺어진 관계가 있다. 퇴근하면 비록 구성원이 단 둘이라 해도 나를 기다리는 가정이 있다. 설사 혈혈단신에 직장 동료조차 없다 해도 자신이 속한 사회적 관계망이 있을 것이다. 가족도 동료도 이웃도 없다고? 당신이 이 책을 무인도에서 읽고 있는 건 아니지 않은가?

● 의사소통

효과적인 의사소통은 탁월한 개인적 성취를 이루는 데 매우 중요하다. 의사소통은 단지 대화만을 의미하지 않는다. 개인적인 의사소통 대다수가 비언어적으로 이루어지며, 특히 '남의 말 들어주기'는 당신이 꼭 터득해야 할 가장 중요한 의사소통 기술이다.

● 실패를 극복하는 방법

성공을 향해 가는 길은 비단길이 아니다. 그 길에는 언제나 실패가 있으며 그 실패를 극복하는 방법을 알아야 한다. 스트레스는 현대인의 삶에서 매우 큰 부분을 차지한다. 스트레스에 짓눌려 있는데 진정한 잠재력을 발휘하기는 힘들다. 스트레스와 싸워 백발백중 이기는 방법들을 소개한다.

● 역할 모델

처음부터 어떻게 사는 것이 잘 사는 것인지 알고 태어나는 사람은 없다. 우리는 누군가에게 인도를 받아야 한다. 바로 역할 모델들이 필요한 시점이다. 그러나 내가 말하는 역할 모델은 흔히 말하는 가수나 영화배우, 스포츠 스타들이 아니다. 역할 모델은 가까운 곳에 있으며 우리는 그중에서 알맞은 사람들을 찾기만 하면 된다. 나만의 역할 모델과 멘토를 찾는 것이 성공으로 가는 첫걸음이다.

● 편견 넘어서기

편견은 개인과 사회를 좀먹을 뿐 아니라, 결과에도 나쁜 영향을 미친다. 편견은 사람들의 진정한 모습을 보지 못하게 하고 유용한 관계를 맺고 협력을 얻는 데 방해가 된다. 편견은 또한 뒤틀린 세계관을 갖게 하기도 한다. 편견을 없애고, 편견에 영향받지 않는 법을 배워야 한다.

● 비법을 활용하는 방법

좋은 비법을 얻었다면 망설이지 말고 활용하라. 1등과 2등을 가르는 것은 보통 이런 작은 차이다. 성과를 올리는 데 도움을 주는 많은 비결들을 소개한다. 어떤 것이 당신에게 도움이 되는지 시험해 보아라.

다음 장을 넘기기 전에 주인공이 되는 삶을 살고 싶은지 스스로에게 물어보라. 그 답이 긍정적이기를 바란다. 일단 나와 함께 이 여행을 떠나기로 마음먹었다면 바로 이 순간부터 온 힘을 바쳐 최선을 다하라. 내일도 아니고 다음 주도 아니고 내년도 아니다. 바로 지금, 이 순간 시작해야 한다.

누구나 인생의 주인공이 될 수 있다

병마를 이기고 나는 제2의 인생을 얻었다. 건강한 사람들에게는 이런 기회가 없으니 얼마나 애석한가! 이미 지나간 과거는 움직일 수 없지만, 미래는 움직일 수 있다. 내일은 내 남은 생의 첫날이다.

| 리처드 쇼, 십대 암 재단 수탁인 |

2

★

정말로 최선을
다했는지 물어라

★

하고 있는 일과 할 수 있는 일을 분간하면
이 세상의 거의 모든 문제를 해결할 수 있다.

| 마하트마 간디, 인도의 민족 운동 지도자 |

★

중요한 것은 금메달을 따기 위한 싸움이 아니다.
우리 모두의 내면에서 보이지 않게 벌어지는 그 피할 수 없는 싸움,
자기와의 싸움이야말로 가장 중요한 것이다.

| 제시 오언스, 흑인 육상 선수 |

걷기를 배우다

열여덟의 나이에 나는 다시 걷기를 배웠다. 걷기를 또 배워야 하다니 기분이 이상했다. 첫 관문은 의족과의 만남으로 시작되었다. 의수족 기사는 의사와 관리인의 중간쯤 되어 보이는 사람들이다. 흰 가운을 입고 있지만 손에는 청진기와 온도계 대신 렌치와 드라이버, 육각 렌치가 들려 있다. 담당 기사가 내 새 다리를 손에 들고 앞뒤로 흔들며 걸어오던 순간이 선명하다.

"이게 네 보철물이다." 그는 무미건조한 말투로 말했다.

처음 내 머리를 스친 생각은 '그냥 다리라고 말해 주지'였다. 한쪽 끝에는 플라스틱 발이 달리고 반대쪽 끝에는 소켓과 끈이 달린 모습이 조금은 다리와 닮았으니 말이다. '보철물'이라고 하면 기계 냄새가 난다. '다리'가 훨씬 인간적이다. 나는 내가 인간이라는 기분을 느끼고 싶었다.

은퇴가 가까워 보이는 나이든 기사는 우리가 있던 방만큼이나 칙칙하고 피곤하고 침울한 분위기였다.

"이걸 먼저 신어라." 그는 의족 양말을 건네며 말했다. 그러고 나서 그는 의족과 환부를 연결하는 통인 소켓의 안감을 다리 밖으로 끄집어내더니 의족을 내 절단된 쪽의 다리에 억지로 밀어 넣었다. 어찌나 힘주어 밀었던지 내가 앉은 의자가 타일 바닥에서 주춤 밀

38

려났다.

"이제 그 안감을 보철물 안에 도로 집어넣어라." 나는 그가 시키는 대로 했다.

"너무 꽉 껴요." 내가 말했다. 내 다리는 아직 이런 거친 대접에 익숙하지 않았다.

"원래 그런 거야. 끈 매라." 그가 무뚝뚝하게 대답했다.

끈은 내 허벅지 아래, 무릎 바로 위쪽에 감겨 있었다.

"이제 평행봉을 잡고 걸어 봐."

나는 장을 보고 돌아오는 관절염 걸린 할머니처럼 절뚝거리며 평행봉 쪽으로 걸어갔다. 그때쯤 나는 벌써 목발을 짚고 뛰어다닐 정도였다. 의족을 달았다고 기동력이 더 떨어질 리는 없었다.

"균형은 잘 맞니?" 기사가 물었다.

"걸으니까 아파요."

"나더러 어쩌라는 거냐? 진짜 다리를 만들어 줄 수는 없잖니."

여기서 질문을 하나 해 보겠다. 영국의 무상 의료 서비스에 최소한 무엇을 기대하는가? 진통중인 산모를 안심시키기 위해 조산사가 미소 정도는 지어 주는 것? 심리 치료사가 적어도 환자 이름은 물어봐 주는 것? 외과의가 플라스틱 스푼 대신 외과용 메스를 사용해 주는 것? 어쨌든 눈앞의 이 남자가 최소한의 기준에도 미치지 못한다는 사실은 틀림없었다.

"전 그냥 이게 불편하다는 걸 아저씨께 알려야 할 것 같아서요."

"자기 다리도 아닌데 당연하지 않겠니? 자, 이제 그걸 갖고 집에 가라. 하지만 물리 치료사들이 연락하기 전까지는 착용하면 안 된다. 그 사람들이 사용법을 알려 줄 거다.”

그리고 그게 다였다. 면담은 끝났다. 그는 내 다리 – 편하든 편하지 않든 그것은 내 다리지 보철물이 아니었다 – 를 커다란 갈색 종이봉투에 넣어 접수처에서 기다리고 있던 어머니께 건넸다.

2퍼센트 부족할 때

의족과의 첫 만남은 나를 낙담시켰지만 대신 중요한 교훈을 주었다. 적어도 나에 관한 한 그 의수족 기사는 자기 직업에서 최선을 다하지 않는 쪽을 택했다는 점이다.

암에 걸렸다는 가혹한 선고를 받은 후 삶을 되돌아보고 후회 없는 인생을 살기로 결심한 나에게 그 기사처럼 인생을 대강 살 여유는 없었다. 나는 그때 그 자리에서, 앞으로 무엇을 하든 내가 가진 능력을 남김없이 쏟아붓겠다고 다짐했다.

집으로 돌아오자마자 걷는 연습을 시작했다. 처음에는 여전히 목발을 짚고 걸었다. 좀처럼 새 다리에 몸무게를 실을 수가 없었다. 집 앞의 인도를 따라 걸으면서 왼쪽 다리와 오른쪽 다리를 비교하여 주의 깊게 보폭을 측정했다. 일단 이것에 익숙해지자 의족에 더 성공적으로 몸무게를 실을 수 있게 되었다.

여기까지 하는 데 몇 주가 걸렸다. 사람들은 맨 처음 이렇게 말하곤 했다. “어머 마크, 정말 잘 걷는구나! 남들이 보면 거의 정상인 줄 알겠다."

사람들이 내 입장이었다면 어지간해서 그 정도에 만족했을 것이다. 하지만 난 아니었다. "'거의' 정상이라고요? 어디가 이상한데요?"

당시 우리 가족은 큼지막한 창문이 여럿 달린 목조 단층집에 살았다. 나는 차고 앞길에서 창문에 내 모습을 비춰 보며 오르락내리락 걷는 연습을 했다. 가끔 안에서 어머니 모습이 보이면 내 발자국 소리를 들어보시게 했다. 양쪽 소리가 고르지 않다고 하면 절뚝거리지 않을 때까지 연습했다.

연습을 지나치게 한 탓에 환부가 쓸려 며칠 동안 의족을 달지 못할 때도 있었다. 하지만 나는 점점 의족에 익숙해져 갔고, 두 달 후에는 완벽하게 걷게 되었다. 사람들이 어느 쪽이 의족이고 어느 쪽이 진짜 다리인지 구분하지 못할 정도였다. 이렇게 되기까지 무척 힘들었지만 남들보다 더 노력한 대가는 넘치도록 받았다. 특히 좋아하던 일들을 다시 할 수 있게 되었을 때의 기분이란! 최근 내가 안데스 산맥과 히말라야 산맥을 포함해 두루두루 여행하고 등반한 곳들의 이름을 대면 여러분은 아마 놀랄 것이다. 살면서 많은 사람들이 적당한 선에서 멈추어 버린다. 스스로 원해서든 마지못해서든, 일이나 인생에 100퍼센트를 쏟지 못한 채 끝내 버리고 마는 것이다. 직장에서 주어진 프로젝트를 완수할 때나 부모 노릇을 할 때, 다이어트를 계속하거나 새해 결심을 지킬 때도 늘 '2퍼센트'가 부족하다.

당신은 98퍼센트밖에 쏟지 못하는 사람인가? 그렇다면 평균을 뛰어넘기 위해 이 나머지 2퍼센트의 노력을 기울이는 것이 어렵다는 데에 나름 이유가 있다는 사실이 조금은 위안이 될지도 모른다.

왜 안주하는가?

사람들이 최고에 도전하지 않고 중간에 주저앉아 버리는 데는 여러 이유가 있다. 다음 몇 가지 이유는 많은 사람들에게도 낯설지 않을 것이다.

● 실패에 대한 두려움

실패를 좋아하는 사람은 없다. 세상은 이긴 자의 편이다. 다윈주의에서 말하는 자연 선택이나 적자생존을 보라! 인간은 유전적으로 생존을 위해 준비되어 있다. 생존을 향한 본능은 평생 일할 때는 물론 여가를 즐길 때조차 인간을 따라다닌다.

실패한 사람들은 비난과 눈총을 받는다. 19세기 중반 이전까지만 해도 파산이 선고된 개인은 사형에 처해졌다. 미국에서는 파산자들의 양쪽 귀를 기둥에 못 박고 채찍 형을 가했다. 오늘날의 파산 정책은 다소 계몽된 편이지만 여전히 파산은 오점을 남긴다.

사람들은 곧 "실패하지 않으려면 아예 도전하지 않으면 된다"는 것을 알게 된다. 익숙한 범위를 벗어나지 않으면 실패자라는 낙인이 찍힐 리도 없다. 불안을 느끼지 않고 행동할 수 있는 이 범위가 바로 심리학자들이 말하는 '안심 구역comfort zone'이다.

안심 구역을 벗어나기 위해 에베레스트 산을 오르거나 영국 글래스톤베리 록 페스티벌의 10만 관중 앞에서 노래를 부르는 것과 같은 엄청난 도전을 할 필요는 없다. 일상에서 마주치는 소소한 도전들도 얼마든지 있다. 오늘 약간 과감한 옷차림을 시도해 보면 어떨까? 직장에서 중요한 프로젝트나 프레젠테이션을 맡아 보는 것은? 갑자기 책을 써 볼 결심을 할 수도 있다. 매일 우리는 무수한 결정을 내리며 안심 구역의 영향을 받는다. 겉으로 실패를 전혀 두려워하지 않을 것 같은 사람들도 안심 구역 안에서 움직이기는 마찬가지다. 다만 상대적으로 자유로워 보일 뿐이다.

등반의 세계를 예로 들어 보자. 누구나 예상하겠지만 담이 작은 사람은 감히 도전하기 힘든 스포츠다. 그러나 이 등반의 세계에서도 위험에는 여러 등급이 있다. 가장 안전한 등반 형태는 '톱 로프 방식'으로 불리는 인공암벽 등반스포츠 클라이밍으로 초심자들도 쉽게 할 수 있다. 등반자는 위에 로프를 걸고 아래에는 줄을 잡아 주는 사람인 확보자를 두고 등반을 한다. 설사 등반자가 추락한다 해도 확보자가 금세 로프를 잡아당겨 추락을 막아 준다. 실력이 쌓이면 다음 단계는 선등자가 되어 보는 것이다. 선등자는 앞장서서 암벽을 오르며 등반로를 따라 드문드문 박힌 볼트에 자신을 고정시킨다. 만일 한 볼트를 지나 다음 볼트로 이동하다가 추락하면 선등자가 있던 곳에서 바로 전 볼트 사이의 거리가 예상 추락 거리가 된다. 따라서 선등자에게는 다음 볼트에 도착하기 바로 직전이 가장

43

위험한 순간이다. 다음 볼트를 향해 멀리 이동할수록 아래쪽 볼트에 로프가 걸려 추락이 멈추기 전에 다칠 위험은 더욱 커진다.

톱 로핑을 잘하는 등반자라도 선등을 할 때는 대개 애를 먹을 것이다. 등반의 세계에서 실패는 타박상과 골절이라는 매우 구체적인 결과로 나타난다. 보통 사람들에게는 실패의 결과가 그들처럼 바로 신체에 나타나지는 않지만 그렇다고 덜 고통스러운 것은 아니다. 은행 잔고가 바닥나든 자존심에 상처를 입고 끝나든 아픈 것은 아픈 것이다.

● 낯선 것에 대한 두려움

실패를 두려워하는 것과 비슷한 이유로 사람들은 낯선 것을 두려워한다. 비록 무질서에서 기쁨을 찾는 괴짜들이 있지만 대다수는 안전함을 더 좋아한다. 세상을 이해하고 싶어하고 질서를 사랑하기에 잘 알지 못하는 것에는 두려움이 앞서게 마련이다. 변화라면 질색하는 사람들이 그렇게 많은 것도 이해가 된다. 그러나 변화를 싫어하고 낯선 것을 두려워하기만 한다면 개인이나 사회는 과연 발전할 수 있을까?

1954년 5월 6일은 스포츠의 역사에서도, 인간 승리의 역사에서도 잊을 수 없는 날이다. 그때까지 1마일1,609미터을 4분 안에 뛴다는 것은 단순히 불가능한 일만이 아니었다. 당시 내로라하는 의사들이 이 한계에 도전하는 것만으로 건강을 해칠 수 있다고 무시무시하게 경고했기 때문이다.

그러나 5월의 어느 바람 부는 날, 영국의 로저 배니스터는 3분 59초 4의 기록으로 결승선을 끊었다. 이날의 기록은 세계 기록과 심리적 장벽을 모두 통쾌하게 깬 것이었다.

오스트레일리아의 존 랜디는 당대 가장 빠른 중거리 주자 중의 한 명이었다. 오래전부터 수없이 4분 벽에 도전했던 그는 로저 배니스터의 위대한 기록을 46일 만에 3분 57초 9의 기록으로 깨 버렸다. 1957년 말까지 모두 16명의 주자들이 4분의 벽을 깼다.

앞으로 나아가기 위해서는 낯선 것에 도전해야 한다. 역사 속의 몇몇 인물들이 두 팔 벌려 미지의 세계에 뛰어들고 변화를 환영하지 않았더라면 세상은 지금과 많이 달랐을 것이다. 인간이 달 근처도 가 보지 못한 세상, 에베레스트 등정의 감격이 없는 세상, 심장병에 걸려도 심장을 여는 수술을 할 의사가 없는 세상은 누구도 상상하기 싫을 것이다.

● 주목받는 것에 대한 두려움

《선데이 타임스》에서 3,000명의 미국 성인을 대상으로 가장 두려워하는 것을 묻는 설문 조사를 했다. 41퍼센트의 응답자가 '많은 사람들 앞에서 이야기하는 것'이 가장 두렵다고 대답했다. '죽음'이라고 답한 응답자는 19퍼센트였다.

남들 앞에서 이야기하는 게 도대체 무엇이기에 다 큰 어른들을 이렇게 불쌍하게 만드는 것일까? 모든 시선이 자기에게 쏠려 있다는 생각만으로 사람들은 그 자리에 못 박혀 버린다. 눈앞이 어른거리고 손바닥은 축축해지고 입안은 바싹바싹 마른다. 심장은 두방망이질 치고 머릿속은 새하얘진다. 목소리는 안 나오고 갑자기 뱃속이 꾸르륵거리고…… 이 모두가 한마디 꺼내 보기도 전에 일어나는 현상이다.

내가 겪은 일을 이야기해 보겠다. 2003년 3월 24일 나는 십대 암재단이 런던의 로열 앨버트 홀에서 주최하는 음악회에 참석했다. 이 날 연주할 밴드는 콜드플레이였다. 그들이 무대에 오르기 20분 전, 나는 갑자기 무대로 뛰쳐나가 5,000명의 팬들 앞에서 앞으로도 재단을 계속 후원해 달라고 부탁할 용기가 있는지 나 자신에게 물어보았다. 좋아하는 밴드가 나타나기만을 고대하는 5,000명의 사람들 앞에 준비도 없이 불쑥 나서는 일이 과연 두려웠을까? 솔직히 말하자면 약간 두려웠다. 식은땀도 조금 흘렸다. 하지만 어쨌든 나는 그 일을 해냈고, 해내서 기뻤다.

사실 이렇게 한 번만 시도해 보면 주목받는 것이 그렇게 두려운 일만은 아니라는 것을 경험하게 된다. '해보니 별거 아니군' 생각하거나 어쩌면 '이거 꽤 재밌는데'라고 생각할 수도 있을 것이다. 자신이 만들어 놓은 두려움에 갇히지 말고 일단 한 번만 시도해 봐라.

● 동기가 부족하고 의욕이 없어서

암에 걸리기 전에 나는 어디에도 의욕을 느끼지 못했다. 내가 부족한 것을 남 탓으로 돌리기만 할 뿐 스스로 바로잡으려는 노력은 없었다. "선생님들이 안 가르쳐 줬단 말야"가 내가 입버릇처럼 하던 말이었다. 그 말은 반쯤 사실이었지만 혼자 힘으로 답을 알기 위해 어떤 노력도 하지 않았다. 학교생활 전체가 시큰둥했고 내가 무엇이 되고 싶은지, 내가 듣는 수업 중 나중에 쓸모 있는 건 몇 개나 될지 확신하지도 못했다.

동기가 없으면 목표를 이룰 수 없다. 이 중요한 동기에 대해서는 4장에서 더 자세히 다루도록 하겠다.

숨겨진 능력

사실 우리 모두에게는 스스로 생각하는 것보다 더 많은 능력이 감추어져 있다. 신체적인 능력도 있고 정신적인 능력도 있다. 어머니가 아이를 구하기 위해 트럭을 들어 올렸다는 이야기는 얼핏 터무니없이 들린다. 하지만 이런 이야기들이 그렇게 황당무계한 소리만은 아님을 곧 알게 될 것이다.

최면을 경험한 사람들로부터 얻은 결과를 보면 이런 천재적인 능력은 생각보다 많은 사람들에게 잠재되어 있는 듯하다. 어떤 실험에서 참가자인 세 남성의 평균 악력_{손아귀로 무엇을 쥐는 힘}은 최면에 걸린 후 46킬로그램에서 64킬로그램으로 40퍼센트나 증가했다.

엄청난 잠재 능력을 발견한 사례로 내 친구 데이브 토머스의 얘기를 빼 놓을 수 없다. 데이브는 자신의 놀라운 능력을 알아차리기 전까지 소방관으로 일했다. 우연히 트럼프 카드 몇 벌의 순서를 통째로 암기하는 프로그램을 본 것이 발단이었다. 무언가가 그의 마음을 건드렸고 그는 책이건 비디오테이프건 입수할 수 있는 자료를 닥치는 대로 사들였다.

2주 후 그는 카드 한 벌의 순서를 암기할 수 있었다. 3개월 후에는 1,000자리 숫자까지 암기했다. 1998년, 학교에서 한 번도 두각을 나타내 본 적이 없고 퇴학까지 당했던 데이브는 그를 가르친 선생님들이 알았더라면 깜짝 놀랐을 일을 해냈다.

'May I have a large container of coffee right now? 지금 커피 한 잔 큰 컵으로 마실 수 있을까요?' 라는 문장은 원주율 파이 π 의 처음 소수점 몇 자리를 암기하기 위한 기억술이다. 각 단어의 알파벳 철자 숫자는 파이의 숫자와 일치한다. 파이는 3.14159265358979323846264 33832795…… 로 끝없이 이어진다. 2002년 11월 일본 도쿄 대학교의 가나다 야스마사 교수는 히타치 슈퍼컴퓨터의 도움으로 파이를 소수점 아래 1조 2,400억 자리까지 계산해 냈다.

1998년 데이브는 바로 이 파이 암기에 도전하여 18년 동안 깨지지 않았던 기네스북 기록을 깼다. 파이 암기에 도전한 사람들의 명단은 길다. 파이를 소수점 아래 1,000자리까지 암기한 사람들은 약 80명으로 이보다는 짧다. 소수점 아래 2만 자리까지 암기한 사람들은 단 6명이며 그중에는 데이브 토머스의 이름도 있다. 1998년 데이브는 파이를 소수점 아래 2만 2,500자리까지 암기했다. 절대 쉬운 일은 아니었다. 첫 시도에서 그는 소수점 아래 1만 8,000자리까지 암기했으나 바로 다음 숫자 하나를 틀리고 말았다. 만약 당신이라면 어떻게 했겠는가? 나라면 아마 두 손 들었을 것이다. 그러나 데이브는 달랐다. 그는 처음부터 다시 시작했고 마침내 기록을 깨고 세계 랭킹 5위에 오를 수 있었다.

암기를 운동에 비유하자면 데이브는 최고의 지력을 갖춘 선수임이 증명되었다. 그는 파이 암기를 마라톤 경주에 즐겨 빗대곤 한다. 웬만한 사람들은 마라톤을 뛸 수 있다. 데이브의 몸무게는 114킬로그램이지만 그래도 충분한 시간과 훈련, 연습과 영양 섭취만 이루어지면 마라톤을 뛸 수 있다. 그러나 2시간 30분은 아무나 낼 수 있는 기록이 아니며, 더더욱 데이브는 말할 것도 없다. 그런 데이브가 암기에 있어서만큼은 2시간 30분을 쉬지 않고 달린 셈이다.

데이브는 자신 안에서 상상했던 것보다 훨씬 큰 잠재력을 발견한 것이다. 그는 입버릇처럼 우리 대부분은 뇌의 10퍼센트가 채 안 되는 지극히 작은 일부만을 사용하고 있다고 말한다. 이 말의 의미는 우리 모두에게 훨씬 큰 능력이 잠재되어 있다는 뜻이다. 그러나 사람들은 자신의 진정한 능력을 깨닫지 못한다. 간혹 운 좋은 소수만이 우연한 기회를 만나 재능을 꽃피운다. 나처럼 진정한 능력을 찾아내야만 하는 상황에 놓이는 사람들도 있다. 암이 아니었더라면 내게 이런 뛰어난 수영 선수가 될 자질이 있음을 결코 발견하지 못했을 것이다.

다시 수영장에서

실밥을 푼 바로 다음날 나는 가까운 수영장을 찾았다.

십대 초반에 나는 학교 대표와 지역 대표, 주 대표로도 뽑힌 제법 실력 있는 수영 선수였다. 시합에 나가는 건 좋았지만 훈련에는 게으름을 피웠다. 학교에서 중요한 선발 시험을 치를 때가 되자 나는 수영을 아예 포기해 버리고 말았다.

갑자기 암 선고를 받고 화학 요법 치료와 절단 수술을 받게 된 건 바로 그 후였다. 그리고 모든 것이 바뀌었다. 돌연 나는 다시 수영장으로 돌아가고 싶은 강렬한 욕망을 느꼈고, 다리 하나로도 예전에 잘하던 무언가를 다시 잘할 수 있음을 증명하고 싶었다. 내가 주대표로 나갈 만큼 괜찮은 선수였다면 — 그 이상의 성적을 내기에는 너무 게을렀지만 — 다리가 하나만 있다고 해서 남들보다 수영을 못하게 되지는 않으리라는 생각이 들었다.

수영장에 도착한 나는 절단된 다리를 높이 쳐들고 혹시 바닥에 부딪칠까봐 신경을 곤두세우며 조심스럽게 물속으로 들어갔다. 찰랑거리는 물의 느낌이 좋았다. 처음에는 불안정한 느낌이 낯설었지만 다리보다 팔을 사용하는 데 집중하자 점차 아주 자연스러운 느낌이 돌아오기 시작했다. 수술 후 이렇게 자연스러운 느낌을 갖기는 처음이었다. 내 삶이 앞으로 어떻게 변해갈지는 몰랐지만 앞으로도 수영을 할 수 있으리라는 점만은 분명했다. 그리고 이번엔 전혀 이야기가 다를 것이었다. 나는 수영에서 최고가 되고 싶었다. 예전 같은 수준은 더 이상 만족스럽지 않았다.

다섯 번째 화학 요법 치료를 마치고 마지막 치료를 기다리는 동안 아버지는 나를 우리 학교 수영 팀이 출전한 경기장에 데려가 주셨다. 나는 네 살 때 이 수영장에서 처음으로 수영을 배웠다. 이제 이곳은 어릴 때만큼 크거나 위협적으로 느껴지지 않았다. 절단 수술을 받고 나서도 몇 번 이 수영장을 찾았다. 이곳은 내게 제2의 집이나 마찬가지였다.

그러나 그날 나는 물에 들어가지 않았고 그래서 다른 선수와 시합하기 위해 수영장 가장자리에 있는 탈의실로 가는 대신 아버지와 함께 위층의 관중석으로 올라갔다. 나는 그 수영장과 관련된 것이면 무엇이든 다 좋았다. 염소 냄새, 찰박거리는 물소리, 관중석에서 들리는 웅성거림까지. 하지만 관중석에 앉아 선수들이 몸을 푸는 광경을 바라보는 기분은 이상했다. 나도 저기 있고 싶었다.

수영 코치인 루카스 선생님이 손을 흔들며 다가왔다. 아버지와 나는 관중석 맨 앞으로 가서 몸을 앞으로 내밀고 그와 이야기를 나누었다.

"어서 오너라 마크. 좋아 보이는구나." 그가 말했다.

"네, 아주 좋아요. 구경보다 저기 나가고 싶어서 좀이 쑤시는 것 말고는요."

아버지는 나를 수영장에 들여보내지 말라고 어머니께 단단히 주의를 듣고 오셨다. 어머니는 수영 때문에 피곤해져서 내 상태가 더 악화될까봐 걱정하셨다. 백혈구 수치가 너무 떨어져서 지난번 화학 요법 치료가 연기된 일이 있었다. 그리고 마지막 치료를 받기까지 남은 시간은 겨우 사흘이었다.

"그럼 출전하면 되지." 루카스 선생님이 말했다.

루카스 선생님은 아버지를 쳐다보고 아버지는 나를 쳐다보았다.

"글쎄다, 네가 결정하렴."

"야호! 선생님, 가요!"

나는 의족과 옷가지를 아버지께 맡기고 목발을 짚고 수영장 가장자리로 갔다. 오랜만에 만난 친구들과 수다를 떨며 다른 경기들을 지켜보았는데 단지 거기 있는 것만으로, 다른 선수들 곁에 있는 것만으로 엄청나게 흥분되었다. 시합이 점점 열기를 띠면서 내 피도 끓기 시작했다. 수영장 안은 300명의 관중들과 150명의 선수들로 꽉 차 있었고 실내는 열기로 터질 것 같았다.

그때 내가 시합에 나갈 차례가 되었다. 100미터 배영 종목이었다. 루카스 선생님은 출발대까지 함께 걸어가 레인 뒤에 있는 의자에 나를 앉혀 주었다.

내가 한 발로 깡충거리며 수영장 가장자리로 가자 갑자기 장내가 조용해졌다. 많은 이들이 내 병을 알고 있었고, 몇몇은 그날 야위고 아파 보이는 내 얼굴에 놀라기도 했다. 헐렁한 수경과 수영복을 빌려 걸치고 하나뿐인 다리로 물속에 뛰어들자 모든 관중들의 시선이 나에게 쏠렸다.

나는 출발대를 잡고 정상인 오른쪽 발을 벽에 대고 왼쪽 무릎으로 균형을 잡았다. 지난 몇 달 동안 했던 모든 연습은 놀이나 치료에 불과했다. 이제 나는 큰 모험에 뛰어들고 있었다. 여기 이 많은 사람들 앞에서. 평범한 수영 선수보다는 위대한 수영 선수가 되기로 마음을 먹었다지만 내가 시합을 할 수 있는지 없는지조차 확신할 수 없었다. 단지 모든 게 다 잘될 거라는 엉터리 예감이 전부였다. 무엇보다 나는 내 건강을 걸고 도박을 하고 있었다. 몸 상태가 더 나빠지면 사흘 후 마지막 치료를 받지 못할지도 몰랐다.

과연 내가 잘하는 일인가 생각할 틈도 없이 "제자리에!" 구령이 들리더니 출발 신호가 울렸다. 수년간의 훈련으로 총소리가 나면 내 몸은 자동으로 반응했다. 그 상황을 고려했을 때 나는 놀랍도록

53

좋은 출발을 해 바로 선두로 나섰다. 곧 반환점이 가까워졌다.

다리 하나만으로도 잘 돌 수 있을지 자신이 없었다. 더구나 수술한 지 얼마 안 되는 왼쪽 다리를 벽에 부딪는 것이 겁이 나기도 했다. 얼마나 아플지 아는 까닭이었다. 그래서 첫 반환점에서 나는 거의 느린 동작에 가깝게 조심스레 돌았다. 턴 동작이 끝나자 다른 선수들에게 따라잡히고 말았다. 다음 턴 동작은 훨씬 매끄럽고 빨라야 했다. 나는 두려움을 마음 깊숙이 밀어 넣고 최대한 빠르게 벽을 차며 돌았다. 아프지 않았다. 다시 수면 위로 올라왔을 때 나는 선두였다. 거기서부터 결승선까지 나는 젖 먹던 힘까지 쥐어짜 속력을 냈다.

드디어 터치 패드를 찍고 재빨리 양 옆을 살폈다. 귀에서 물이 빠져나가면서 떠나갈 듯한 환호성이 들렸다. 루카스 선생님이 손에 내 목발을 들고 제자리에서 껑충껑충 뛰고 있었다. 나는 다시 돌아왔고 첫 시합에서 우승했다. 멋진 기분이었다.

최고가 되기 위해 필요한 것

손대는 일마다 최고인 사람이 있을까? 물론 없다. 가장 다재다능한 천재였던 레오나르도 다 빈치조차 모든 걸 다 잘하지는 못했다. 그러나 항상 최고가 되고 최선을 다하려는 목표를 갖는 것은 가능하다.

나는 많은 경험과 자기 분야에서 최고가 된 사람들과의 대화를 통해 최고가 되기 위해서는 다음 단계들을 거쳐야 한다는 통찰을 얻었다.

- 사소한 것에 목숨을 걸어라.
- 호랑이 굴에 들어가야 호랑이를 잡는다.
- 고통 없이 좋은 결과를 기대하지 마라.
- 나만의 기준을 세워라.
- 정신력과 결단력을 가져라.
- 분명한 목표를 세워라.

사소한 것에 목숨을 걸어라

가장 쉬운 단계는 사소한 일부터 최선을 다하는 것이다. 사소한 일들을 다 잘한다면 전체적인 결과도 당연히 훌륭하지 않겠는가? 리처드 칼슨은 자신의 베스트셀러에서 "사소한 것에 목숨 걸지 말라"고 했지만 사소한 것에 목숨을 걸어야 전체 목표를 성공으로 이끈다.

남아프리카 공화국의 전설적인 골프 선수 게리 플레이어는 "연습하면 할수록 더 많은 행운을 얻게 된다"는 명언을 남겼다. 그 말은 연습을 열심히 하면 운에 의존할 필요가 적어진다는 뜻이다. 그는 작은 일에도 최선을 다하는 선수였고 최고를 목표로 삼았다.

수영 선수로서의 이력이 쌓이면서 나는 장거리 종목보다는 100미터 자유형에 더 집중했다. 계영 팀에서 핵심적인 역할을 맡기 위해 나는 더 뛰어난 단거리 선수가 되어야 했다. 어깨를 으쓱하며 이렇게 말할 수도 있었다. "저는 접니다." "늙은 개에게 새로운 재주를 가르칠 수는 없는 법이죠." 그러나 이렇게 말하는 대신 나는 내 테크닉을 꼼꼼히 분석하여 전부 뜯어고쳤다. 스트로크_{수영에서 팔 젓기를 뜻하는 용어} 동작에서 팔을 젓는 횟수를 바꾸기 위해 몇 달을 고생하기도 했다. 그리고 이 사소한 차이가 큰 결과로 나타났다.

호랑이 굴에 들어가야 호랑이를 잡는다

자신의 한계를 벗어나 볼 결심을 했다면 이미 앞으로 나아가는 큰 걸음을 뗀 셈이다. 성공한 사람들에게는 안전한 울타리를 벗어나 낯선 환경에 도전했다는 공통점이 있다.

꿈을 이루고 싶으면 먼저 무엇에 자신이 있고 무엇에 자신이 없는지 생각할 시간을 가져라. 당신이 자신 없어 하는 부분이 바로 안심 구역의 밖이다. 예를 들어 회사에서 승진을 꿈꾸는 영업 사원이 있다고 하자. 그는 현재 직위에서 영업 팀의 팀장으로, 또 다음엔 영업 부장으로 승진하고 싶어한다. 하지만 실제로는 언변이 뛰어난 데도 중역 회의에서 영업부를 대표하여 사업 설명을 할 생각만 하면 두려움이 앞선다. 그의 경우엔 어려운 자리에서 발표하는 일이 그의 안심 구역을 벗어나는 일인 것이다.

일단 자신의 안심 구역을 알게 되면 그 한계를 넓히고 안심 구역 밖으로 나가기 위해 행동하는 일이 가능해진다. 때로는 한계 자체를 없애 버릴 수도 있다.

고통 없이 좋은 결과를 기대하지 마라

최고가 되는 일이 쉬워 보이는가? 놀라운 천재적 재능을 타고난 축복받은 이들에게도 최고가 되기란 쉽지 않다. 시상식장에서 미소 띤 얼굴만을 보고 있으면 그들이 그 자리에 서기까지 흘린 눈물과 땀은 잘 보이지 않는 법이다.

시드니 패럴림픽에 출전하기 전 2000년 1월부터의 내 훈련 스케줄은 다음과 같았다.(58쪽 참조) 내 경우 최고가 되기 위해 가장 힘들었던 과정은 역시 훈련 과정이었다. 내가 해야 했던 훈련 과정에는 반드시 개인적인 희생이 따랐다. 때로는 이 훈련 때문에 가족들이 힘들어 했으며 특히 내 여자 친구는 마음고생이 많았다. 어떤 희생 없이 100퍼센트에 도달하기는 거의 불가능하다. 일 때문에 가족과 함께 시간을 보내지 못하거나 당장 닥친 임무에 몰두하느라 좋아하는 다른 무언가를 포기해야 할 때도 있다. 부득이하게 희생을 치러야만 할 때가 오는 것이다. 다만 매번 잊지 말고 자신에게 물어 보라. 그것이 과연 스스로 각오한 희생인지를.

시드니 패럴림픽 훈련 스케줄

시간	중점	훈련 내용
4시 40분	**기상**	
5시 ~ 5시 30분	**준비 운동**	자세 조정 운동 부상 방지 어깨 운동 및 복부 운동
5시 30분 ~ 7시 30분	**워밍업**	스텝 테스트, 무산소 역치 훈련 저강도 수영 400m 자유형 200m 배영 200m 자유형 300m 킥 연습 (100m마다 속도를 점점 빠르게) 300m 자유형 200m 자유형 스텝 3 페이스 200m 자유형 스텝 1 페이스 200m 가볍게 쉬면서 자유형
	스텝 테스트	7×200m (최대한 속도를 점점 빠르게) 매 200m마다 심박 수, 스트로크 수, 젖산 농도, 주관적 운동 강도 측정
	무산소 역치 훈련 **마무리 운동**	16×100m (1분 40초) 200m (가볍게), 400m (최대 심박 수의 40%로) 4×100m (최대 심박 수의 50%로 발차기를 강화하여) 200m (최대 심박 수의 40%로), 2×100m (최대 심박수의 50%로)
12시 30분~	**웨이트 트레이닝**	워밍업 1세트

14시	기본 동작	다음을 각각 8회×3세트: 랫 풀 다운, 스쿼트, 턱걸이, 벤치 프레스, 숄더 프레스, 스트레이트 암 풀 다운, 트라이셉 익스텐션, 바이셉 컬
	메디신 볼	다음을 각각 10회×3세트: 윗몸 일으키며 던지기, 서서 아래로 던지기, 서서 던지기, 머리 위로 던지기
16시 ~ 16시 30분	준비 훈련	자세 조정 운동 부상 방지 어깨 운동 및 복부 운동
16시 30분 ~ 18시 30분	워밍업	파워 랙 훈련 ATP/CP – 스프린트 훈련 레지스턴스 밴드 훈련 무산소 역치 킥 훈련 400m 자유형 24×50m 자유형 (6회는 처음부터 끝까지 똑같이, 6회는 피니시 동작에 주력하여, 6회는 블라인드 턴, 6회는 스타트 동작에 주력하여)
	무산소 역치 킥 훈련	200m (30초 휴식) 2×100m (20초 휴식)]×2 4×50m (15초 휴식) 16×25m (15초 휴식)
	기술	테크닉 훈련
	힘 / 속도	15회×10세트 파워 랙에 20kg 추가 100m 가볍게 쉬면서 자유형 2×25m 스프린트, 25m 가볍게
	회복	50회×2세트 레지스턴스 밴드 훈련 200m 가볍게 쉬면서 자유형]×2
	마무리 운동	2×200m 후반 가속형 훈련 4×50m 호흡수를 줄이는 훈련 200m 가볍게 쉬면서 자유형]×2

1일 총 수영 거리 12,100m

나만의 기준을 세워라

아직도 도전에 나설 마음의 준비가 되지 않았는가. 그렇다면 타이거 우즈의 이야기를 들어 보자. 골프 팬이 아니더라도 타이거 우즈를 모르는 사람은 거의 없다. 그가 골프 역사상 최고의 선수라는 데 반대하는 사람도 별로 없을 것이다.

1999년 스물셋의 나이에 우즈는 미국 프로골프PGA 투어에서 400만 파운드의 상금을 받았다. 그해 PGA 토너먼트에 스물한 번 출장해 여덟 번 우승했고 10위권 안에는 열여섯 번 들었다. 미국과 유럽의 골프 대항전 라이더컵에 미국 국가 대표로 출전하여 시합 마지

60

막 날 통쾌한 반격으로 유럽을 무릎 꿇게도 했다.

이듬해 그는 미국과 영국 선수권 대회에서 모두 우승했다. 2001 년에는 다섯 번의 PGA 토너먼트에서 우승했고 3년 연속 PGA '올 해의 선수'로 뽑혔다. 더욱 인상적인 것은 같은 해 매스터스 대회에서도 우승을 해서 골프 역사상 최초로 매스터스, 유에스 오픈, 브리티시 오픈, PGA의 4개 주요 대회에서 잇달아 우승한 골퍼가 되었다는 것이다. 2002년 그는 다시 매스터스 대회에서 우승했다.

이런 엄청난 성공을 거둔 후라면 사람들은 당연히 앞으로도 죽이대로만 하면 우승은 따 놓은 당상이라고 생각했을 것이다. 그러나 우즈는 달랐다. 그는 코치와 헤어졌다. 그리고 자신의 경기 방식을 전부 뜯어고치기 시작했다. 다른 골프채와 골프공을 시험해 보고 스윙을 바꾸고 새 코치를 고용했다.

이유가 무엇이었을까? 이미 최고의 골퍼였음에도 자신이 더 잘할 수 있다고 생각했기 때문이다. 우즈는 끊임없이 최고의 선수가 되기 위해 노력했다. 그래서 자신의 골프 인생에서 2년을 희생하고서라도 경기 능력을 향상시키고자 했던 것이다.

우즈는 《로스앤젤레스 데일리 뉴스》와의 인터뷰에서 경기 능력을 향상시키기 위해 사용한 비결을 설명했다.

"내 앞에는 시험해 보고 몸에 익혀야 할 일들의 목록이 엄청나게 쌓여 있었습니다. 하루하루 오늘 내가 꼭 해야만 하는 일을 해결하느라 녹초가 되었지요. 하지만 그렇게 한 해가 지나면 목록은 점점 짧아집니다. 그리고 마침내 노력이 결과로 나타나지요."

우즈가 다른 사람들이 하고 있는 일에 신경을 썼더라면 목표를 이룰 수 있었을까? 아마 아닐 것이다. 우즈는 자신만의 기준을 세웠다. 당신도 할 수 있다. 자신만의 기준을 세우면 다른 사람의 한계가 아니라 자신의 잠재력에 전념하게 된다.

정신력과 결단력을 가져라

쉬지 않고 최고라는 목표를 향해 달리기는 매우 어렵다. 정신력과 결단력을 시험받는 위기도 자주 찾아온다.

존 랜디는 앞서도 말했듯이 두 번째로 1마일 4분 벽을 깬 사나이다. 하지만 1956년 멜버른 올림픽의 1,500미터 결승전에서 보여 준 모습으로 그를 기억하는 사람이 더 많을 것이다. 오스트레일리아 대표였던 랜디와 그의 동료 론 클라크는 결승선까지 두 바퀴를 남기고 선두를 달리고 있었는데 클라크가 갑자기 선두를 앞지르려는 다른 선수에게 차여 넘어졌다. 랜디와 다른 선수들은 넘어진 클라크를 뛰어넘어 계속 달렸다. 그런데 그때 랜디가 다시 돌아와 클라크를 부축해 일으켰다. 믿을 수 없는 일이지만 그 후 랜디는 다시 달렸고 엄청난 열세를 따라잡아 동메달을 땄다.

수년간 최고가 되기 위해 노력하고 싸워 오게 한 내 의지와 결단력은 다음 한 문장으로 압축된다.

"나는 지금 스스로에게 진실한가?"

그렇다고 대답할 수 있다면 나는 올바른 길에 있는 것이다.

분명한 목표를 세워라

동기는 목표가 없다면 아무 쓸모도 없다. 일단 노력하기로, 그리고 최고가 되기로 결심했다면 분명한 목표를 세워라. 처음부터 너무 거창한 목표를 세우면 안 된다. 비즈니스 용어로는 이를 '낮은 가지에 달린 과일 따기' 또는 '쉬운 승리하기'라 부른다. 초기에 성공을 맛보면 자신감을 갖게 된다.

1992년 바르셀로나 패럴림픽 예선 대회가 열리기 1년 전 나는 이듬해 어떤 목표를 달성하고 싶은지 미리 생각해 보았다. 내 목표는 첫째 좋은 학업 성적으로 학위를 받고 둘째 바르셀로나에서 메달을 따는 것이었지만 이 계획에는 큰 문제가 있었다. 불과 몇 주 사이에 기말 시험과 학위 논문 마감과 예선 대회가 모두 몰려 있었던 것이다.

나는 내 목표를 달성 가능한 작은 부분들로 쪼갰다. 매일의 목표는 학업과 훈련의 균형을 맞추는 것이었다. 1년 동안 마쳐야 할 공부를 모두 목록에 적고 나니 계획이 가능해졌고 심리적 압박감도 줄어들었다. 나는 1991년 10월에 목록의 맨 끝에 있는, 이듬해 5월까지 제출해야 하는 과제를 시작했고 계속해서 가장 나중에 해야 할 일들을 먼저 처리해 나갔다. 가끔은 다시 목록 위로 가서 당장 급한 불을 끄기도 했다. 1992년 2월에 나는 그해 해야 할 공부를 다 마쳤고 친구들 몇몇은 내 지독함에 넌더리를 냈다. 하지만 가장 중요한 것은 이제 나는 자유의 몸이고 마음껏 바르셀로나에 갈 준비를 해도 된다는 점이었다. 그리고 나는 학업에서도 수영에서도 목표한 바를 이루어, 내 계획과 그것을 지키기 위한 땀과 노력이 헛수고가 아님을 증명했다.

평범한 사람들의 평범하지 않은 인생

세계에서 가장 빠른 다리 없는 사나이, 무릎 아래 두 다리가 없는 의족 육상 선수, 블레이드 러너. 모두 오스카 피스토리우스의 또 다른 이름들이다. 종아리뼈 없이 태어난 피스토리우스는 첫돌이 되기도 전에 두 다리를 절단하고, 한 살 때부터 의족을 사용했다. 학창 시절부터 각종 스포츠에 재능을 보인 그는 럭비 경기중 부상을 당하면서 육상으로 전향했다. 그리고 장애인 육상 선수가 되어 100m, 200m, 400m 세계 기록을 세우며 세계인의 주목을 받았다. 하지만 그의 도전은 거기서 그치지 않았다. 피스토리우스의 새로운 꿈은 비장애인들과 겨뤄 보는 것. 장애인이 올림픽에 출전하기 위해서는 기준 기록을 넘어야 하기에 각종 경기를 치르고 있는 그는 안타깝게도 1, 2초 차이로 탈락하고 말았지만, 올림픽에 출전하는 그날까지 도전은 계속되고 있다.

3

★

끊임없이 목표를
되뇌어라

★

목표를 바꾸거나 새로운 꿈을 품기에 너무 늦은 나이란 없다.

| C. S. 루이스, 영국의 소설가 |

★

인생을 바꾸는 엄청난 비결이 궁금한가?
그런 비결은 없다는 것을 아는 것이 비결이다.
어떤 목표든 몸과 마음을 바쳐 노력하라.
이루지 못할 것이 없다.

| 오프라 윈프리, 미국의 방송인 |

저 모퉁이를 돌면 뭐가 나올까?

은퇴하는 사람들은 스트레스를 받는다. 심리학자 김정민과 필리스 모엔이 코넬 대학교에서 연구한 결과에 따르면 아내가 아직 직장을 다니는 상태에서 은퇴한 남성 상당수가 사기 저하와 우울증의 증세를 보였다. 반대로 가장 행복한 남성은 원하는 일을 계속 하면서 전업 주부 아내를 둔 남성이었다.

하버드 대학교 교수였던 정신분석학자 에릭 에릭슨은 인생을 일곱 단계로 나누었다. 그중 일곱째 단계는 중년의 시기로 대략 35세부터 50대 후반까지를 이른다. 이 시기의 발달 과제는 '생산성 대 침체성의 대립'이다. 에릭슨이 말하는 '생산성'은 남들을 보살피는 것을 말한다. 자녀를 출산하여 양육하고, 예술과 학문을 가르치고 저술하며, 새롭게 만들어 내고 필요한 것을 채우는 여러 활동들이 모두 생산성에 속한다. '침체성'은 따로 설명이 필요 없다. 침체성에 빠진 사람은 자신에게만 몰두하고 타인에게 무관심하며 무슨 일에도 열의를 보이지 않고 사회에 소극적으로 참여한다.

인생의 어떤 단계든지 우리에게는 앞으로 계속 나아가게 하는 원동력인 지향점이 있어야 한다. 당신이 누구든 그리고 어떤 여정을 걸어 왔든 목표로 삼고 나아갈 무언가가 필요한 것이다. 인생에서 자신이 몰두했던 어떤 일이 끝나 버렸을 때 설사 목표한 바를 이루지 못했다 하더라도 새로운 도전을 찾아 나서야 한다. 공허감에 빠지지 않으려면 말이다.

흔히 운동선수들은 자신이 은퇴해야 한다는 사실을 좀처럼 받아들이지 못한다고 한다. 현역에 있는 경우라도 많은 선수들이 중요한 경기가 끝난 직후 일종의 공허감에 시달린다. 병원 치료를 받아야 할 정도의 우울증을 겪는 선수들도 있다.

나는 아테네에서 선수 생활에 마침표를 찍었다. 400미터 자유형 계영에서 영국 국가대표 팀이 금메달을 딴 순간의 흥분도 식고 100미터 배영 경기가 한창일 때, 나는 갑자기 현실을 직시했다. 어깨 부상이 아직 다 낫지 않은 나는 출전할 수 없었고 따라서 결승이 벌어지는 장소에서 사람들의 관심 밖으로 밀려나 있었다. 물 밖으로 나오며 불현듯 든 생각은 이것이 아마 내가 국제 대회 선수로 뛰는 마지막 경기가 되리라는 사실이었다. 영국 수영 국가대표로 뛴 17년의 세월이 대단원의 막을 내리는 순간이었다.

나는 수영장 가장자리를 따라 천천히 걸었다. 모든 순간을 음미하고 관중들의 환호성에 귀 기울이고 이곳을 눈에 새기려고 노력하면서. 마침내 경기 임원이 다가와 퇴장을 부탁했다. 나는 취재 구역에 있던 한 신문 기자와 짧은 잡담을 나누고 그곳을 걸어 나갔다. 문을 나서니 이제 은퇴한 수영 선수였다. 수영 선수로서의 생명이 끝나자 마음이 텅 빈 듯했다. 이상하게 들리겠지만 하나의 목표를 이루고 나자 순간적으로 어찌할 바를 모르게 되었다. 하지만 이 책 앞에서도 말했듯이 암에서 살아남은 이후 나는 인생의 관객으로 남지 않고 누구보다 열정적인 주인공으로 살겠다고 다짐했다. 이제

할 일은 다른 도전을 찾아 나서는 것이었다.

한쪽 문이 닫히면 다른 쪽 문이 열린다

수영 선수로서의 삶은 막을 내렸지만, 그렇다고 내 인생마저 막을 내린 것은 아니었다. 나는 또다시 새로운 인생을 설계했다. 나의 경험을 살려 많은 이들에게 용기를 주는 강연과 십대 암 재단 후원 활동을 하며 나는 다시 한번 내가 살아 있음을 느꼈다. 국가대표 수영 선수로 경기에 출전하는 짜릿함과 우승해서 목표를 달성했을 때의 그 흥분을 대신해 줄 수 있는 것은 아무것도 없다고 믿었지만 내 생각이 틀렸다. 이전 목표가 아무리 대단하고 그 목표를 이룬 뒤 아무리 뿌듯했더라도 언제나 나를 필요로 하는 일이 있고 빈자리를 메울 다른 목표가 생기는 법이다. 특히 십대 암 재단의 후원 활동은 암과 싸우는 청소년들의 마음을 누구보다 잘 알기에 더욱 애착이 가는 일이었다.

나는 아이들이 보살핌과 관심을 받을 수 있도록 돕는 데 가장 큰 열정을 쏟았다. 금메달을 따서 진짜 좋은 점은 따로 있다. 금메달을 보여 주면 아이들의 얼굴은 기쁨으로 환해진다. 왜 메달을 따서 금고 속에 꽁꽁 감춰 놓는가? 메달을 따는 순간의 기쁨은, 그 메달이 다른 사람들에게 주는 기쁨에 비하면 아무 것도 아니다. 메달이 가진 이런 힘을 활용하지 않고 남들이 보지 못하게 숨겨 놓는 일은 이기적이라는 생각이 든다.

나는 가끔 맨체스터와 셰필드에 있는 아동 병원을 방문한다. 그곳에 조너선이라는 아홉 살 소년이 있는데 우연히 내가 수영하는 모습이 담긴 비디오를 보고 나를 자신의 영웅으로 삼아 버렸다. 담당 간호사가 연락을 해 와서 기쁜 마음으로 꼬마 친구를 만나러 갔다. 조너선은 나와 비슷한 골암 환자였다. 소년은 이미 한 차례 치료를 받았고 의사로부터 호전되고 있다는 이야기를 들었지만, 킥보드를 타다가 다리가 힘없이 미끄러지는 바람에 다시 병원을 찾게 되었다.

조너선은 몇 주 후 다리 절단 수술을 받기로 되어 있었는데 내가 찾아갔을 당시에도 수술 결과가 그리 좋을 것으로 예상되지 않았다. 하지만 조너선은 기분이 매우 좋아 보였고, 하루 종일 목에 내 메달을 걸고 싱글벙글하고 있었다. 그의 부모님도 아들이 그렇게 좋아하는 모습을 보기는 오랜만이었다. 결국 내가 가져간 메달은 다시 자물쇠가 달린 진열장에 들어가는 대신 조너선의 목에 남았다.

조너선과 같은 친구들을 만날 때마다 나는 그 아이들에게 힘이 될 만한 무언가를 주려고 한다. 지금까지는 내가 선수권 대회에서 딴 메달들을 나눠 줄 때가 많았다. 돕고 싶은 이들이 이렇게 많으니 더 많은 메달을 따지 못해 유감일 따름이다.

멈추지 않는 사람들

레이 크록은 평범한 남자였다. 때는 1950년대였고, 크록은 거의 평생 동안 미국 전역을 누비며 밀크셰이크 기계를 팔았다. 그는 능력 있는 판매 사원이었지만 쉰둘이 되자 슬슬 은퇴해서 편히 쉴 때가 되었다는 생각이 들었다. 1954년 캘리포니아 주 샌버나디노의 한 조그만 식당에 우연히 들르기 전까지는 말이다.

햄버거를 파는 그 식당은 포드 자동차의 조립 라인을 통째로 주방으로 옮겨 놓은 듯했다. 메뉴는 단순했고 다섯 대의 기계에서는 밀크셰이크 40잔이 동시에 나왔다. 경쟁력 있는 가격의 햄버거는 플라스틱 식기와 종이 냅킨과 함께 단 60초 만에 쟁반에 담겨 나왔다. 크록은 이 식당의 방식에 완전히 매료되었고, 주인인 젊은 형제를 설득하여 맥도널드의 프랜차이즈 사업권을 얻었다. 이 형제의 이름은 딕 맥도널드와 맥 맥도널드였다.

크록은 신바람을 내며 새로운 목표에 뛰어들었다. 1955년에는 일리노이 주 데스 플레인스에 1호점을 개업하였고, 믿기 어렵겠지만 완벽한 프렌치프라이를 튀겨 내기 위한 실험실까지 만들었다. 크록의 분투가 이어졌고 초기에는 거의 파산 직전까지도 갔다. 1960년 전체 매출은 7,500만 달러였지만 순이익은 13만 9,000달러에 불과했다. 1961년에는 270만 달러의 빚을 내 맥도널드 형제의 지분을 사들였다. 그 후부터 가파른 성장을 시작한 맥도널드는 1965년에 상장 기업이 되면서 300만 달러를 더 벌어들였다. 크록의 패스트푸드 제국은 전 세계로 퍼졌고, 1972년에는 270만 달러의 빚에서 출발한 자산이 5억 달러가 되었다. 그러나 크록의 진정한 목표는 돈이 아니었다. 그의 목표는 맥도널드를 최고로 만드는 것이었다. 그래서 모든 메뉴의 표준 기준을 만들고 체인점들이 그것을 지키게

했다. 말년에 사람들이 그의 어마어마한 재산에 대해 언급할 때마다 크록은 이렇게 대꾸하곤 했다. "행운은 땀을 흘리면 얻는 보너스입니다. 땀을 많이 흘릴수록 생각지 않은 행운이 따라오지요."

 어린 시절 성폭행을 당하고 할머니와 어머니와 아버지 사이를 전전하며 자라다 하마터면 소년원에 갈 뻔한 여자아이. 어딜 봐도 성공한 어른의 유년 시절처럼 들리지는 않는다. 그래서 그녀가 더욱 대단하게 느껴진다. 이 이야기의 주인공은 세계에서 가장 영향력 있는 라디오와 텔레비전 진행자인 오프라 윈프리다.
 그녀에게 최초의 행운은 열여섯 살에 찾아왔다. 미국의 미인 대회에서 흑인 여성 최초로 우승하면서 지역 라디오 방송국에 출연할 기회가 생긴 것이다. 방송국에서는 이 소녀의 재능을 알아보았고 아직 고등학생이었던 그녀는 방과 후에 라디오 뉴스를 진행했다. 원대한 꿈을 품은 소녀는 곧 내시빌에 있는 라디오 방송국 WVOL의 리포터로 방송계에 본격적으로 뛰어들었고 테네시 주립 대학교에 입학하여 공연 예술을 공부했다. 이후 내시빌 WTVF-TV의 뉴스 앵커를 맡아 최초의 흑인 여성 앵커가 되는 영예를 안은 윈프리는 곧이어 〈AM 시카고〉라는 아침 토크쇼의 진행을 맡으며 미국 최고의 토크쇼 진행자 필 도나휴와 어깨를 겨루게 된다. 그녀는 또한 스티븐 스필버그 감독의 영화 〈칼라 퍼플〉에 출연하여 아카데미 최우수 여자 조연상 후보에 오르기도 했다. 윈프리의 다음 목표는 직접 제작에까지 손을 대는 것이었다. 1988년 그녀는 제작 설비를 갖추는 데 200만 달러를 들여 하포 프로덕션을 설립하고—메리 픽포드와 루실 볼 다음으로—메이저 프로덕션 스튜디오를 소유한 세 번째 여성이 되었다. 좌절도 있었지만 윈프리는 분명 미국에서 가장 영향력 있는 방송인이다. 최근 그녀가 공언한 새로운 목표는 텔레비전을 시청하는 미국 대중들이 책을 읽게 하는 것이다. 〈오프라 윈프리 쇼〉의 북클럽 코너는 출판계에 엄청난 바람을 일으켰다. 그녀의 추천 한마디에 몇십만 부가 오락가락한다.

레이 크록과 오프라 윈프리는 끊임없이 도전하며 모두가 불가능하다고 생각하는 일을 가능하게 바꾼 사람들이다. 하나의 목표가 끝났다고 낙심하지 마라. 빈자리를 채울 다른 목표가 당신을 기다리고 있다.

목표 설정

목표 설정의 중요성은 아무리 강조해도 지나치지 않다. 목표가 없으면 자신이 어디로 가고 있는지 모르기 때문이다. 일단 목표를 정하면 내가 어디를 향하고 있는지 알게 되고 거기까지 도달하기 위한 루트를 만들게 된다.

목표라고 할 때 나는 항상 머릿속에 길을 하나 떠올린다. 그 길가에 표지판이나 이정표 들을 세워 내가 어디까지 왔는지를 가늠해 본다. 표지판에 달성 시한을 적어 놓으면 원래 계획에 얼마나 맞게 나아가고 있는지 점검할 수 있다. 그 길을 따라가는 중에 계획을 수정하는 일이 생길지도 모른다. 그러나 언제나 확신하는 것은 결국 그 목적지에 도달하리라는 사실이다.

| 레슬리 가사이드, 인력 관리 회사 노스게이트 최고 운영 책임자 |

목표를 세우기 전에 알아야 할 것

목표를 세우기 전에 알아 두어야 할 기본적인 것들이 있다. 목표는 유형에 따라 분류하는데, 크게는 실행 목표와 최종 목표 두 가지로 나뉜다.

실행 목표에서 중요한 것은 어떤 최종적인 목표를 달성하는 과정, 즉 실행 과정이다. 실행 목표의 달성 여부는 본인의 의지에 달려 있다. 예를 들어 어떤 육상 선수가 경주에서 올바른 테크닉으로 뛰는 것을 실행 목표로 삼고 그 목표를 달성한다면 만에 하나 우승하지 못하더라도 경기력은 향상될 것이다. 어떤 요리사가 최고의 재료만 엄선하여 쓰고 레시피와 지시 사항을 정확히 따르기로 했다면 결국에는 좋은 결과를 얻을 가능성이 높다. 살을 빼기로 결심했다면 1주일에 정해진 칼로리만을 섭취하고 몸에 좋은 음식들을 먹으며 꾸준히 운동하는 실행 목표를 세울 수 있다.

최종 목표에서 중요한 것은 마지막 성과다. 나의 최종 목표는 금메달을 따는 것이었다. 그러나 마음만 먹었다고 최종 목표가 이루어지지 않는 반면 1주일에 열 번 훈련하기와 같은 실행 목표는 상대적으로 이루기 쉽다. 최선을 다해 경기에 임했는데 메달 하나 따지 못하는 일도 얼마든지 있다.

다소 놀라운 결과지만 현대 스포츠 과학이 밝혀낸 바로는 최종 목표보다 실행 목표를 설정했을 때 전체적으로 더 나은 성적을 낼 수 있다고 한다.

목표는 기간에 따라 나누기도 한다. 단기 목표와 장기 목표는 따로 설명이 필요 없다. 두 가지 목표를 다 세울 것을 권한다. 단기간의 목표는 일상에 자극을 주고 장기간의 목표는 힘든 시기를 극복하는 데 도움이 되며 전체적인 방향을 제시해 준다.

스마트 목표

목표를 설정할 때 반드시 고려해야 할 항목들의 앞 글자를 따서 스마트SMART 라 부른다. 스마트에는 여러 변형이 존재하는데 각각의 글자들이 담고 있는 내용이 조금씩 다르다. 가장 일반적인 스마트는 다음과 같다.

- ◆ – S : 목표는 구체적Specific 이어야 한다. 모호한 목표는 무의미하다.
- ◆ – M : 목표는 측정 가능Measurable 해야 한다.
- ◆ – A : 목표는 성취 가능Achievable 해야 한다. 또는 목표를 실행하기 위한 행동이 가능Action oriented/Actionable 해야 한다. 터무니없는 목표는 이루기 어렵다.
- ◆ – R : 목표는 현실적Realistic 이어야 한다. 또는 합리적Reasonable 이거나 연계성Relevant 이 있어야 한다. 주어진 자원과 상황 등을 냉정히 평가하라.
- ◆ – T : 목표는 달성 시한Time 이 분명히 정해져 있어야 한다. 또는 기록할 수 있어야 한다Trackable.

내게 맞는 목표 고르는 법

목표를 설정하는 것은 매우 개인적인 일이다. 그러나 기본적인 가이드라인이 있으면 목표를 세울 때 좋은 참고가 된다.

먼저 자신의 생활을 중요하다고 생각하는 영역들로 분류해 보라. 어떻게 해야 한다는 규칙은 없지만 아래 내가 분류한 것을 참고해도 좋다.

- 가정 생활과 가족 생활
- 사교 생활과 사회 생활
- 신체적 건강
- 경제 생활과 직장 생활
- 문화 생활과 학습 활동
- 영적 생활과 윤리적 활동
- 사회봉사 활동

전체적인 목표를 설정할 때는 이 각각의 영역들에 긍정적인 영향을 미치는 분명한 목표를 세워야 한다. 각각의 영역들 안에도 따로 개별적인 목표가 있어야 함은 물론이다.

이때 명심해야 할 것은 목표들이 서로 충돌해서는 안 된다는 점이다. 경제 생활에서 목표를 세웠으면 가족들을 위한 계획과도 일치해야 한다. 만일 돈을 버는 방식이 개인의 윤리적 신념과 어긋난다면 이 시스템은 무너지고 만다.

목표를 설정할 때 지켜야 할 기준들은 다음과 같다.

◆ 목표의 긍정적인 측면을 지켜라. 일례로 수영 선수였을 때 나는 항상 바른 테크닉을 구사하려고 노력했다. 그렇지 않은 테크닉은 당장은 효과가 있을지 몰라도 결국은 몸을 망친다.

◆ 더 큰 목표까지 가는 단계적인 목표들을 세워라.

◆ 기회가 있을 때마다 성과를 평가하라. 목표를 향해 가는 길에 표지판을 세우고 거기 도달할 때마다 스스로를 칭찬하라.

◆ 자신이 통제할 수 있는 목표를 세워라.

◆ 도전적인 목표와 현실적인 목표를 적절히 조화시켜라. 비현실적인 목표를 세우면 곧 의욕이 사라져 시들해진다.

목표를 분명히 하기 전에 목표를 달성하기 위해 어떤 방법을 택할 것인지 생각할 시간을 가져라. 다음과 같은 질문들이 도움이 된다.

◆ 나는 필요한 정보를 모두 가지고 있는가?

◆ 도중에 예상되는 장애물은 무엇인가?

◆ 야심만 앞서지는 않는가?

◆ 목표를 달성하기 위해 어떤 기술을 익혀야 하는가?

- 나의 조력자는 누구인가?
- 목표를 달성하는 더 나은 방법은 없는가?
- 내가 원하는 성공은 어떤 모습인가?
- 언제 목표를 평가할 것인가?

목표와 계획

"계획 없는 목표는 한갓 꿈"이라는 말이 있다. 그래서 나는 항상 목표를 세우고 행동 계획, 측정 지표─측정할 수 있어야 평가가 가능하다─및 달성 시한을 정한다. 간단한 방법이지만 이러한 수단들을 통해 최종 목표까지 나아가는 것은 물론 성공률을 높일 수 있다.

| 리처드 쇼, 십대 암 재단 수탁인 |

목표를 평가하기

하나의 목표나 다수의 목표를 선택했다 하더라도 겨우 한 고비를 넘겼을 뿐이다. 목표만큼이나 꼭 필요한 것은 행동 계획과 성과 기준 그리고 그것들을 측정하는 지표다. 다음으로 필요한 것은 수시로 스스로를 점검해 볼 수 있는 평가의 방법이다.

좌절에 대처하는 방법도 빠질 수 없다. 목표를 달성하는 과정에는 반드시 좌절이 따른다. 7장에서 좌절에 대처하는 여러 가지 방법들을 소개하겠다.

지금까지 배운 것처럼 목표를 설정하고 구체적인 계획을 세운 뒤 평가하라. 달성하고자 하는 목표가 무엇이든 그곳까지 당신을 인도하는 안내자가 되어 줄 것이다.

목표를 바꿀 수 있을까?

목표가 절대적인 것은 아니다. 목표가 낡고 뒤처질 때나 더 이상 우리 삶에 유용하지 않을 때가 올지 모른다. 목표를 바꾸거나 수정한다고 해서 전혀 잘못된 것이 아니다. 오히려 바람직한 일이기도 하다. 목표는 항상 상대적이며 목표에 어느 정도 가까워졌는지를 늘 평가하고, 필요하다면 과감히 방향을 수정할 수 있을 만큼 융통성이 있어야 하기 때문이다. 보통의 경우 목표를 적절하게 수정하거나 다시 설정하지 못하면 귀중한 시간을 낭비하게 된다. 하지만 어떤 경우에는 이 차이가 이승과 저승을 가르기도 한다.

위대한 탐험가 어니스트 섀클턴은 1908년 10월 9일 남극을 향해 출발했다. 1907년 8월 영국에서부터 시작한 남극 탐험대가 중요한 도전에 나서는 순간이었다. 섀클턴과 세 명의 동료 탐험가들의 출발은 그리 좋지 않았다. 짐을 실은 조랑말 한 마리가 일행 중 한 명을 발로 차서 뼈가 드러날 정도로 부상을 입혔기 때문이다.

뒤이어 섭씨 영하 40도를 밑도는 남극의 황량한 얼음 벌판에서 무시무시한 드라마가 펼쳐졌다. 섀클턴 일행은 끊임없이 얼음 사이의 깊은 틈새인 크레바스에 빠졌고 처절한 배고픔에 시달리다 못해 짐을 나르던 조랑말 네 마리 중 세 마리를 잡아먹었다. '삭스'라는 이름의 마지막 한 마리는 크레바스에 떨어져 죽었다. 그들은 조랑말 기름까지 먹었다. 애덤스는 의료 기구나 진통제도 없이 아픈 이를 뽑고 계속해서 행군했다. 일행은 느리게 목표에 다가가고 있었지만 날씨는 점점 나빠졌다. 12월 30일에는 심한 눈보라가 불어 6킬로미터 이상 전진할 수 없었다. 쇠약해진 기력에 동상의 위험까지 겹치자 그들은 한계에 달했다.

1월 2일 섀클턴은 일기에 썼다. "아직까지 실패를 생각한 적은 없다. 나는 사태를 냉정하게 파악하고 나와 동행한 이들의 생명을 최우선으로 생각해야 한다…… 하늘에 맡기고 최선을 다할 뿐이다." 1월 4일부터 8일까지 눈보라는 그치지 않았고 마지막 이틀은 한 발짝도 옮기기 힘들었다. 남극점을 156킬로미터 남겨 두고 섀클턴은 목표를 수정하여 돌아가기로 결정했다. 그의 결정은 자신의 목숨과 동료들의 목숨을 구했다.

내게 중요한 것은 무엇인가?

궁극적으로 당신이 설정한 목표는 당신에게 중요한 것이어야 한다. 물론 가치 없는 목표를 세우지는 않았겠지만 개인적으로 절실한 목표가 아니면 달성할 가능성은 훨씬 줄어든다. 하고 싶은 일과 이루고 싶은 일을 곰곰이 생각해 보고 다른 누군가를 기쁘게 하기 위한 일이 아니라 바로 나에게 간절한 일인지 스스로 물어 보라.

2001년 나와 친구 윌리엄은 5,697미터로 세계에서 가장 높은 활화산인 에콰도르의 코토팍시 산을 오르기로 했다. 수만 파운드의 십대 암 재단 기금을 모으기 위해서였다. 이것은 나의 새로운 도전이었다. 하지만 그 도전은 처음부터 순탄치 않았다. 에콰도르에서 이틀을 보낸 나와 윌리엄은 식중독에 걸려 죽을 뻔하다 키토의 병원으로 실려갔다. 링거를 맞으며 침대에 누워 고열로 신음하다 보니 에콰도르에 괜히 왔다는 후회가 가득했다. 코토팍시 산을 오르는 계획은 물 건너간 것이나 다름없었다. 3미터 떨어진 화장실까지도 기어가다시피 했으니 말이다. 하루라도 빨리 집에 돌아가고 싶은 심정이었지만 알 수 없는 의무감이 우리를 누르고 있었다. 시도도 하지 않고 돌아갈 수는 없었다. 그래서 우리는 여행 장비를 챙기고 코토팍시 기슭의 산장으로 가는 지프에 올랐다. 빙상의 얼음이 단단해져 아이젠을 신고 올라가기가 수월해진 어느 날 아침, 우리는 몇 시간 토막잠을 잔 후 산장을 나섰다.

바닥난 기운으로 코토팍시 산을 오르며 내 평생 가장 혹독하게 신체의 한계를 절감했다. 빙벽에 아이스 피크를 찍는 리듬에 익숙해지자 그저 기계적으로 발걸음을 떼었다. 일곱 시간 후 윌리엄과 나는 코토팍시 산 정상에 도착했다. 눈물이 볼을 타고 흘렀다. 암 병동 밖으로 나올 수 없고 이런 기회도 얻지 못하는 아이들을 대신하여 내가 여기까지 올라왔다는 생각이 들었다. 그 아이들이 없었다면 결코 해내지 못했을 일이다.

4

★

꿈을 이뤄야 하는
이유를 찾아라

★

스스로에게 동기 부여를 하지 못하는 사람들은
재능이 아무리 뛰어나다 하더라도
평범한 삶에 만족할 수밖에 없다.

| 앤드류 카네기, 카네기 철강 기업 설립자 |

★

내게 돈은 결코 큰 동기가 아니었다.
단지 점수를 기록하는 한 방법이었다고 할까?
나를 진정 흥분시키는 것은 내가 뛰어든 일 그 자체이다.

| 도널드 트럼프, 미국의 부동산 개발업자이자 억만장자 |

침대를 박차고 일어나야 하는 이유

1월과 2월은 영국 수영 선수들에게 가장 가혹한 달이다. 아침에 자명종이 울리면 눈을 비비고 일어나 살을 에는 추위 속으로 나가야 한다. 밖은 칠흑처럼 어둡다. 저녁 훈련을 마치고 수영장을 나올 때쯤 밖은 다시 칠흑처럼 까매져 있다. 여전히 춥고, 재수가 없다면 비까지 내릴지 모른다. 팽팽한 긴장과 흥분으로 가득한 여름날의 경기장은 다른 별 얘기처럼 멀게 느껴진다.

해가 바뀐 지 얼마 되지 않은 1995년 초반, 애틀랜타 패럴림픽에 출전하기까지는 아직 18개월 이상을 기다려야 했다. 이번 대회에서 금메달을 딴다는 일념으로 훈련에 집중하려 했지만 시련이 찾아오자 마음이 흔들렸다. 겨울은 순순히 물러나지 않았고 몸도 마음도 약해져 갔다. 아직 온기가 남아 있는 잠자리를 박차고 일어나 새벽 훈련을 하러 추위 속으로 나서는 일이 점점 힘들어졌다. 나의 의욕과 동기는 급속히 바닥나고 있었다. 그래서 나는 최대한 절차를 단순화하기로 마음먹었다. 매일 밤 슬픈 광경이 펼쳐졌다. 나는 아침에 나서기 쉽도록 필요한 모든 것을 미리 준비했다. 수영 용구들은 가방에 넣어 놓고 옷은 걸치는 순서대로 바닥에 펼쳐 놓았다. 눈을 뜨면 바로 양치할 수 있도록 칫솔에 치약을 묻혀 놓기까지 했다. 이 모두가 1초라도 더 침대에 머물기 위해서였다.

마침내 이 모든 노력이 한계에 다다르는 날이 왔다. 1월 말의 어느 금요일 아침, 자명종 소리를 듣고도 일어나지 않은 것이다. 숫자판에는 오전 4시 40분이라는 숫자가 깜박이고 있었다. 실내는 이가 딱딱 부딪칠 정도로 추웠다. 밖에서는 바람이 울부짖고 있었고 빗방울이 창문을 때리고 있었다. 그 주에 나는 벌써 50,000미터를 수영했다. 영국 해협에서 가장 너비가 좁은 곳을 헤엄쳐 건넜다면 좋이 영국에서 프랑스까지 갔다가 다시 돌아오고 있을 거리였다. 나는 지칠 대로 지쳐 있었다. 얼마나 피곤했는지 몸이 덜덜 떨렸다. 도저히 훈련하러 나설 상태가 아니었다. 그래서 나는 다시 이불을 머리끝까지 뒤집어쓰고 "훈련 따위 이제 지긋지긋해"라고 혼잣말을 하며 다시 꿈나라로 빠져들었다, 라고 말하고 싶지만 정말 그러지는 못했다. 마음은 굴뚝같았다. 대신 나는 온몸에 이불을 둘둘 말고 침대 끄트머리에 앉아 바닥에 널린 옷가지들을 멀거니 쳐다보았다. '일어나 수영장에 갈까? 가지 말까?' 엎치락뒤치락 마음이 복잡했다. '겨우 한 번 빠지는데 큰일이야 나려고? 이번 주는 하루도 안 빼고 진짜 열심히 훈련했는데.' 대개의 수영 선수들은 가끔씩 훈련에 빠졌다. 수영 훈련은 그만큼 고생스러웠다. 그때 문득 내가 훈련에 빠지면 사람들이 뭐라고 할까 궁금해졌다. 다른 선수들은 내가 없는 걸 알아채겠지만 그저 웬일로 안 왔구나 하고 말 터였다. 내가 없으면 수영장을 더 넓게 쓰게 될 테니 좋아할지도 몰랐다. 하지만 내가 없으면 걱정할 사람이 하나 있었다. 바로 나의 수영 코치였다.

덕 캠벨은 1980년대 초에 200미터 배영 종목에서 영국 최고 기록을 보유했던 선수다. 은퇴하고 20여 년간 코치 생활을 한 끝에 이제 허리띠의 구멍이 몇 칸은 늘어나 있었지만 그는 아직도 믿을 수 없을 만큼 수영에 헌신적이었다.

내가 수영장에 안 가더라도 코치는 수영장에 나올 것이고, 그래서 크게 낙심할 것이다. 이대로 침대에 누워 조금 더 눈을 붙일 수도 있다. 그러면 몸은 가볍겠지만 반대로 마음은 무거워질 것이다. 코치를 실망시켰기 때문이다. 코치는 나를 위해 귀중한 시간을 투자하고 있었고 우리는 애틀랜타에서 금메달을 따기 위해 땀을 흘리는 한 팀이었다. 우리는 서로를 신뢰했다. 내가 정말 원한 일이 겨우 몇 시간을 더 자자고 이 신뢰를 깨는 것일까?

자동차에 시동을 걸고 계기판의 시계를 보았다. 평소보다 겨우 2분이 늦었다. 머릿속에서는 그토록 많은 일이 있었는데 현실에서는 겨우 2분이 흐른 것이다. 짧은 순간이었지만 지나고 나서 생각해 보니 내 인생에서 가장 귀중하게 보낸 2분이었다.

제삼자에게 받는 동기 부여

나는 어떤 일을 이루고자 할 때 주변 사람들로부터 도움을 받는다. 먼저 친구들에게 나의 계획을 알린다. 혼자서만 끙끙거리고 있으면 아무 소용이 없다. 공공연히 말해 놓고 미루어 둔 일이 있을 때마다 친구들은 나를 격려하고 채근한다. 그들 덕분에 나는 중간에 포기하는 일 없이 목표를 이루게 된다.

| 맷 히스, 요트 선수 |

동기 부여란 무엇인가?

누구나 나와 비슷한 상황을 맞는다. 궂은날 아침, 눈을 떠 오늘 딱 하루만 회사에 가지 않을 수 있다면 얼마나 좋을까 생각해 보지 않은 사람이 누가 있겠는가? 아마 꾀병으로 병가 한 번 내 보지 않은 사람은 드물 것이다. 그렇다면 왜 우리는 매일 병가를 내지 않는 걸까? 그 이유는 대다수의 사람들이 직장을 다니는 동기를 가지고 있기 때문이다. 그 동기는 저마다 다르다. 어떤 이는 해고될까 두려워 직장을 다니고 또 어떤 이는 돈을 벌기 위해 다닌다. 사회 생활이 하고 싶어 직장을 다니는 사람도 있을 것이다.

동기 부여를 설명하고 정의하는 복합적인 응용 학문이 있다. (이 책 88쪽 '응용과학으로서의 동기 부여 이론' 참조) 학문적 용어를 빌리지 않고 간단히 설명하자면 동기란 특정한 방식으로 행동하게 만드는 이유를 말한다.

당신 앞에 어떤 도전이 있다. 스스로 선택했든 누군가 던져 주었든 그 도전에 맞서려면 반드시 동기가 있어야 한다. 목표가 가야 할 방향이라면 목적과 동기는 그곳까지 가야 하는 이유다. 더 중요하게는 그곳까지 가는 원동력이다. 간단히 말해 목표가 저녁밥 짓기라면 가장 기본적인 동기는 배가 고파서이다. 보다 고차원적인 동기라면 가족들이나 초대 손님들에게 식사를 대접하기 위해서일 수도 있다. 목표가 몸무게를 6킬로그램 줄이는 것이라면 동기는 스스로 더 자신감을 갖기 위해서이거나 좀 더 구체적으로 결혼식이 가까워서일 수 있다.

직장의 변천사를 보면 동기에 대한 생각이 시대에 따라 어떻게 바뀌었는지 알 수 있다. 20세기 초의 사람들은 보통 노동자들은 선천적으로 게을러 빠르든 느리든 정해 준 속도로만 일을 한다고 생각했다. 미국의 발명가이자 테니스 챔피언이자 거의 세계 최초의 경영 컨설턴트인 프레더릭 테일러는 '과학적 관리법'이라는 이론을 내놓았다. 그의 계획은 모든 작업 과정에 걸리는 시간을 측정하여 어떤 업무를 처리하는 데 걸리는 시간을 객관적으로 수치화하는 것이었다. 노동자들을 최적의 속도로 일하게 하려면 단지 시간을 재기만 하면 되었다. 물론 사람들을 기계와 똑같이 다루려는 시도는 잘 받아들여지지 않았고 곧 노동자들의 반발을 샀다. 그 결과로 동기 이론에서 강조하는 점도 바뀌었다.

심리학자 프레더릭 허즈버그는 동기를 직업 만족도와 관련지었다. 그는 직장에서의 동기를 각각 '위생 요인'과 '동기 요인'이라 부르는 것들로 설명했다. 위생 요인은 사람들의 동물적 욕구를 채우고 동기 요인은 인간적인 욕구를 채운다. 위생 요인에는 관리 실무, 이윤, 회사 정책, 대인 관계, 직업 안정성, 물리적 근무 환경, 급여와 감독 등이 포함된다. 그러나 허즈버그에 따르면 이런 위생 요인들만으로는 '일하고자 하는 동기'가 부여되지 않는다. 진정한 동기는 성취, 직업에 대한 만족, 개인의 발전과 인정 등의 동기 요인들로부터 오는 것이다.

직장에서 동기 부여에 관한 쟁점은 주로 어떻게 직원들을 동기 부여할 것인가에 맞추어져 있다. 그러나 스스로 알아서 일하는 자율적인 사람을 찾는 구인 광고도 심심찮게 보게 된다. 동기는 내재적이기도 하고 외재적이기도 하다. 당신은 가족과 직장 동료들에게 동기를 부여할 책임이 있다. 당신의 직장 상사와 같은 사람들도 당신에게 동기를 부여할 책임이 있다. 그러나 가장 어려운 동기 부여는 지금부터 내가 이야기하려는 '스스로 동기 부여 하기'이다. 왜 어렵냐고? 당신에게 동기를 불어넣는 사람은 여럿이 있겠지만 바깥에서 동기를 얻는 데는 한계가 있기 때문이다. 결국은 자기 자신과 맡은 임무, 자기 자신과 장기적인 목표만 남는 순간이 오게 마련이다. 이 순간을 넘기면 가장 어려운 시험을 통과하는 셈이다. 또한 이 순간을 거쳐야 개인적 책임감이 생긴다. 당신이 스스로 동기 부여를 할 수 있다면 다른 동기 요인들은 자동으로 따라온다.

스스로 동기 부여를 하는 법을 아는 것도 무척 중요하다. 무엇이 나를 움직이는지 알게 되면 비슷한 방법을 이용하여 다른 사람들에게 동기를 부여할 수 있다. 동기 부여의 기술이 언제 필요하냐고? 학교에 가지 않으려고 떼쓰는 아이를 설득할 때나 일요일 아침 누워 뒹굴거리기만 하는 배우자를 일으키고 싶을 때, 팀원들이 프로젝트를 제 시간에 마치도록 사기를 북돋우고 싶을 때 이 기술을 사용하면 된다.

응용과학으로서의 동기 부여 이론

과학자들, 더 정확하게 말하면 동기 부여 이론가들은 수년 동안 무엇이 우리를 행동하게 만드는가를 연구해 왔다. 아직까지 명확한 해답을 얻지는 못했지만 동기 부여를 설명하는 많은 이론들이 나왔다. 여기 그 중 몇 가지 중요한 이론을 소개한다.

동기 부여 이론가들은 동기를 다양한 방식으로 정의하지만, 동기가 어떤 목적을 이루기 위한 행동을 일으키거나 의욕을 불어넣는 내적인 상태, 또는 욕구나 욕망이라는 점에는 모두 동의한다.

동기에는 외재적 밖으로부터 주어진 동기와 내재적 스스로 원해서 하는 동기가 있다. 기본적인 구분을 더 세분화하면 내재적 동기는 그 욕구의 성격에 따라 각각 신체적, 정신적, 영적 동기로 나뉜다.

과학자들은 정신적인 동기는 또한 인지, 정서, 의지 셋 중 하나와 관련지을 수 있다고 말한다.

첫째로 인지는 무언가를 이해하거나 알게 되는 과정을 일컫는다. 만일 어떤 문제를 해결하거나 그 문제가 발생하는 이유를 알고 싶다면 당신은 인지적 요인에 의해 동기 부여된 것이다.

둘째로 정서는 우리가 접하는 정보와 지식, 우리가 지각하는 것들로 인해 일어나는 감정이다. 기분이 좋아지거나 자신감이 생기는 행동을 하기로 결정한다면 정서적 요인에 의해 동기 부여가 된 것이다. 나 역시 금메달을 따는 순간의 기분이 얼마나 짜릿한지를 알게 되자 그 기분을 다시 느껴 보고 싶어서 수영을 더욱 열심히 하게

88

되었다. 중요한 대회에서 뛰는 순간의 기분을 잊지 못해 시합에 출전하여 우승하는 것이 나의 가장 큰 목표가 된 것이다.

선수로서 내가 가장 자랑스러웠던 순간은 금메달을 땄을 때가 아니라 바르셀로나에서 100미터 배영 종목 은메달을 땄을 때였다. 시상대에 선 나는 관중 속에서 어머니와 아버지의 얼굴을 보았다. 싱글벙글하고 계시는 두 분의 모습과 그 모습을 보고 가슴 벅찼던 기분은 영원히 잊지 못할 것이다.

마지막으로 의지는 아마 정신적 동기의 가장 흥미로운 측면일 것이다. 의지는 인식과 감정이 행동과 연결되었을 때 생긴다. 의지는 어떤 일을 이루고자 하는 마음이며 동기의 적극적인 목표 지향적 측면이다. 자유 의지나 선택의 자유와 같은 개념도 의지와 관련되어 있다. 내 목표는 무엇인가? 나는 무엇을 하려 하는가? 나는 왜 이 일을 하고 있는가?

한 가지 이유만으로는 부족하다

힘들게 침대를 박차고 일어난 그 겨울날 아침 나는 여느 아침과 마찬가지로 런던 중심가에서 런던 북부를 거쳐 수영장으로 차를 몰았다. 패션의 거리인 소호를 지나는 길에는 차창 밖으로 빗물에 후줄근히 젖어 출근하는 직장인들과 16센티미터나 되는 하이힐을 신은 여장 남자들이 스쳐 지나갔다. 옥스퍼드 가와 위그모어 가를 거쳐 글로체스터 플레이스와 A41번 도로를 지났다. 20분 동안 차를 몰아 마침내 오전 5시 10분에 수영장에 도착했다.

운전하는 동안 아침에 일어나기 싫었던 이유를 곰곰이 생각해 보았다. 문제는 나를 벌떡 일어서게 만드는 동기가 금메달 한 가지밖에 없다는 사실이었다. 그것만으로는 역부족이었다. 일상에서 감내해야 할 가혹한 현실에 비하면 금메달은 신기루처럼 느껴질 때가 있다. 금메달은 충분한 동기도 아니고 너무 얄팍하여 역경을 이길 힘을 주지 못했다. 내게 금메달 외의 다른 동기가 절실히 필요함을 깨달았다. 내게는 하나 이상의 이유가 필요했다. 훈련이 싫어질 때마다 하나씩 떠올려 보면 내게 계속 나아갈 힘을 주는 이유가 적어도 하나는 있지 않겠는가.

누구에게나 하나 이상의 이유가 필요하다. 보통 사람들에게는 매일 아침 직장에 나가는 것 자체가 고역이다. 좀처럼 직장에 재미를 찾기 힘든 사람들은 월급봉투만 바라보고 있는 경우가 많다. 언젠가 그 돈도 가장 중요하지는 않음을 느낄 때가 오면 이들은 직장을 떠나게 된다. 내게는 금메달을 따고 싶은 마음이 다른 사람의 월급이나 마찬가지였다. 그것으로 동기 부여가 되는 날도 있지만 부족한 날도 있다. 그래서 월급 이외의 동기를 찾아야 했고, 나에겐 우승했을 때의 짜릿함, 새롭게 시작된 삶에 대한 고마움, 가족들의 기쁨 등이 그 동기가 되었다. 이렇게 훈련을 계속해야 할 다른 이유들을 찾아내자 압박감이 훨씬 줄어들었다. 오히려 그 이유들은 내게 든든한 힘이 되어 주었다.

스스로 열정을 불어넣어라

동기 요인을 찾을 때 한 가지 주의할 점이 있다. 이미 효력을 잃은 이유들은 주워섬겨 봤자 소용이 없다는 것이다. 이런 이유들로는 열정에 불을 붙일 수 없다. 동기는 개인적이어야 하고 나의 열정에 불을 붙이는 것이어야 한다. 내가 이런 이유들을 찾는 데는 꽤 시간이 걸렸다.

이유는 목표가 아님을 명심하라. 목표는 최종 목적지이고 이유는 나를 거기까지 가게 해 주는 동기 요인이다.

● 일반적인 이유 vs 구체적인 이유

동기 요인들이 여러 가지여서 좋은 점은 무엇이든 내가 좋아하는 것과 내게 중요한 것이 동기 요인이 될 수 있다는 점이다. 동기 요인들은 다양할수록 좋다. 모든 미연의 사태에 대처할 수 있기 때문이다.

동기는 예를 들어 "오늘밤 X회사의 프레젠테이션을 성공적으로 마치면 전자 드럼 세트를 사겠다" 처럼 상세하고 구체적일 수 있다. 한편으로 "오늘밤 X회사의 프레젠테이션을 성공적으로 마쳐서 경제적으로 더 안정이 되면 일찍 은퇴하고 싶다" 처럼 더 일반적일 수도 있다. 하지만 너무 모호한 동기라면 아무 도움이 되지 않을 것이다.

● 긍정적 동기 vs 부정적 동기

어떤 사람들은 부정적인 요인들, 즉 부정적인 말이나 두려움 때문에 동기가 부여되는 것이 건강하지 못하다고 주장한다. 물론 긍정적인 이유만으로 충분히 동기 부여가 될 수 있다면 아주 바람직하겠지만 대개의 사람들에게는 어려운 일이다. 두려움에는 여러 종류가 있다. 실패에 대한 두려움, 실직에 대한 두려움, 배우자에게 버림받을지 모른다는 두려움, 남들이 나를 싫어할지도 모른다는 두려움. 하지만 때로는 이런 두려움도 강력한 동기 요인이 된다.

동굴에서 살던 우리 조상들은 사냥하지 않으면 굶어죽기 때문에 사냥에 나섰다. 죽음에 대한 두려움이 사냥에 나가는 동기 요인이 된 것이다. 또한 야생 동물이 공격해 올 때 그들이 '나는 지금 달리고 싶기 때문에 달리는 거야. 달리기를 하면 몸이 상쾌해지고 엔도르핀이 샘솟으면서 더 건강하고 튼튼해지겠지'라고 생각했겠는가 아니면 '아이코, 젖 먹던 힘까지 다해 도망치지 않으면 잡아먹히겠구나!'라고 생각했겠는가?

현대 사회에서 부정적 동기 부여는 불안과 스트레스를 가중시킬 수 있지만, 이러한 부정적 동기를 어떻게 이용하고 조정하느냐에 따라 그것은 또 다른 원동력이 될 수 있다. 돌이켜 생각해 보면 나도 처음에는 부정적인 방식으로 동기 부여가 되었던 것 같다. 장애인이라고 차별받는 것이 부당하다고 느꼈기 때문일 것이다. 그러나 그 후에는 같은 목표까지 도달하도록 돕는 긍정적인 동기를 찾기 시작했다. 처음에는 부정적인 이유들에서 출발하여 목표를 세웠지

92

만 그 목표를 왜 그리고 어떻게 달성할 것인지에 대한 끊임없는 질
문을 통해 긍정적이고 발전적인 동기들을 찾아갈 수 있었다.

두려움으로 동기 부여하기

두려움을 동기 요인으로 삼을 때 어려운 점은 임무나 목표보다
두려움의 원인에 정신이 팔리는 경우가 많다는 것이다. 사업에
실패하면 집을 잃게 생겼다고 해 보자. 길 위에 나앉을지도 모른
다는 두려움에 사로잡혀 오히려 목표를 이루는 데 방해가 될 수
있다.

결국 당신이 어떻게 행동하느냐가 중요하다. 직업 안정성의
문제를 예로 들어 보자. 나는 사람들에게 기억력 향상법을 가르
친다. 직업의 안정성이 점점 낮아지는 요즘 세상에서는 다양한
기술을 익히는 일이 더욱 중요하다.

직업 안정성이라는 문제에 대해 내가 가르치는 사람들과 이야
기할 때 두 가지 상반된 각도로 접근할 수 있다. 오늘날 한 직장
에서 30년씩 일하기는 불가능해졌다고 부정적으로 말할 수도
있는 반면 이렇게 말할 수도 있다. "지금 직장을 때려치울 수 있
다면 얼마나 멋질까요? 특별한 기술이 있어서 내가 일하고 싶은
곳을 골라 갈 수 있다면 얼마나 좋겠습니까? 새로 익힌 기술들
이 새로운 기회의 문을 열어 준다면요?"

언젠가 자신이 사회에서 쓸모없어지리라는 생각에 겁을 먹는
사람도 있고 의욕적으로 새로운 기술을 익히려는 사람도 있다.
당신은 어느 쪽인가?

| 데이비드 토머스, 영국 두뇌 재단이 선정한 기억력 그랜드 마스터 |

● 동기를 부여할 때 반드시 목표를 고려하라

내가 무엇을 이루고 싶은지, 또 내게 성공은 무슨 의미인지 생각해 볼 시간을 가져라. 3장에서 이야기했듯이 자신의 목표를 알아야 동기 요인을 찾기가 훨씬 쉬워진다. 마찬가지로 다른 사람들에게 동기를 부여할 책임이 있다면 그들의 목표가 무엇인지를 먼저 알아야 한다. 팀원들이 무엇을 바라고 두려워하고 욕망하는지도 모르는 채 다짜고짜 덤벼든다면 그들의 지지를 얻기 어려우며 장기적 성과도 나빠진다. 경영자나 코치나 리더 들은 종종 자신들의 목표와 신념과 동기를 아랫사람들에게 강요하곤 한다. 아랫사람들을 이해하고 스스로 자신의 동기 요인이 무엇인지 결정하도록 돕는다면 성공은 한 발짝 가까이 다가올 것이다.

● 친구와 가족

내가 추구하는 목표가 친구나 가족 들과 충돌할 때가 있다. 이루기 힘든 목표일수록 더욱 그렇다. 목표를 이루기 위해 준비하고 실행하는 과정은 물론 그 결과가 성공이냐 실패냐에 따라서도 주변에 미치는 영향이 달라진다. 때로 내가 치르는 희생 때문에 친구나 가족 들과 갈등이 생기기도 한다.

이런 일들은 동기를 부여하거나 목표를 추구하는 과정에서 겪게 되는 가장 힘든 위기 중 하나다. 자신의 행동이 친구들이나 가족들에게 미치는 영향에 너무 마음을 쓰다 보면 원래의 동기를 잃어버리는 일도 생긴다.

내가 수영 선수였을 때 토요일이나 일요일 중 하루는 언제나 훈련이 있었으며 유일하게 훈련에 빠지는 날은 대회에 참가할 때였다. 그래서 가족 행사나 친구들 모임에는 거의 참석하지 못했는데 나는 이 문제를 심각하게 생각하지 않으려 애썼다. 대신 내가 국가 대표 선수가 되고 거기다 금메달까지 따면 가족들이 나를 몹시 자랑스러워하리라는 생각만 하려 했다. 또 내가 목표를 달성하면 나뿐 아니라 우리 가족들도 더 여유 있게 생활하게 되리라는 생각에 몰두했다.

● 개인적 발전

나는 언제나 새로운 일을 시작하고 거기서 배우는 것을 좋아한다. 새로운 수영 훈련 프로그램을 익힐 때도 등반을 배울 때도 내가 일하는 다양한 산업의 복잡한 원리들을 이해할 때도 그렇다.

모든 목표는 배움의 기회를 준다. 이미 한 번 해 본 일이라도 이번에는 좀 더 잘하겠다는 목표를 가질 수 있다. 악기를 좀 더 능숙히 다루어 본다든지 요리 실력을 기른다든지 프레젠테이션의 달인이 된다든지 달리기 기록을 조금 앞당긴다든지 하는 것들이 목표가 될 수 있다. 지속적인 학습은 꾸준한 성장을 낳는다. 살면서 배움의 자세를 잃지 않는다면 어려운 일들도 훨씬 수월하게 느끼게 된다.

● 이타적 행위

너그러운 마음씨를 가진 사람들 덕분에 자선 단체들이 계속 명맥을

95

이으며 사회에 좋은 일을 하고 있다. 돈이나 물건을 기부해도 좋고 직접 봉사를 해도 좋다. 남들에게 조금이라도 베푸는 것을 목표로 삼는다면 성공까지 나아가는 데 도움이 될 것이다.

● 윤리적이고 영적인 바탕

동기 요인이 자신의 윤리적이고 영적인 신념과 일치할 때 매우 강력한 시너지가 생긴다. 강한 도덕적 신념에 따라 행동했던 사람들이 놀라운 일을 이룬 사례들이 많다. 테레사 수녀나 마하트마 간디, 넬슨 만델라 같은 사람들은 역사의 물길을 바꾸었다. 물론 그들처럼 원대한 목표를 갖거나 내 윤리적이고 영적인 신념과 전부 일치하는 동기 요인을 갖기는 어려울지도 모른다. 그러나 적어도 두 가지가 서로 충돌해서는 안 된다는 사실을 명심하라.

● 신체 이미지

오늘날 대중 매체의 영향으로 사람들은 과거 어느 때보다 자신의 신체 이미지를 의식하고 비판적으로 바라보게 되었다. 사람들은 자신이 뚱뚱하거나 말랐다고 생각하고 머리 모양이나 머리색, 근육의 형태와 자세를 의식한다. 사람들은 예전보다 자신의 신체와 관련된 이런 것들에 더 중요한 가치를 둔다. 목표를 달성하면 스스로 지각하는 자신의 신체 이미지가 더 근사해 보이는 효과를 누릴 수 있다.

● 경제적 이득

동기 부여를 이야기하면서 경제적 이득을 가장 마지막에 언급하다니 이상하게 생각될지도 모른다. 어쨌든 절대 다수의 사람들이 직장에 다니는 가장 큰 이유로 급여를 꼽으니 말이다. 물론 대개의 사람들은 수입이 필요하고 수입이 되지 않는다면 직장을 그만둘 것이다. 그러나 경제적 이득은 한순간에 동기를 꺾는 부정적인 요인으로 바뀔 수 있다. 자기 급여에 만족하는 사람이 몇이나 될까? 만족하는 사람보다는 "내 연봉이 겨우 이것밖에 안 된단 말이야?" "우리 사장은 정말 짜다니까" "영업부 존스가 보너스를 얼마 받았는지 알지? 말이 된다고 생각해?"와 같은 소리를 하는 사람을 더 자주 보았을 것이다.

경제적 이득에만 매달리기 보다는 그것이 가족, 친구, 개인적 발전, 생활 방식과 이타적인 마음 같은 다른 동기 요인들에 미치는 영향을 아는 편이 훨씬 바람직하다.

매슬로의 욕구 단계설

1954년에 출간된 《동기와 성격》이라는 책에서 저자 에이브러햄 매슬로는 사람들에게 동기를 부여하는 욕구에는 단계가 있다는 가설을 세웠다. 하위 단계의 욕구가 충족되면 상위 단계의 욕구로 나아간다. 따라서 첫 번째 욕구가 충족되지 않은 사람은 두 번째 욕구를 느끼지 않는다.

매슬로는 기본적인 욕구를 다섯 단계로 나누었다.

1. **생리적 욕구** — 가장 기본적인 욕구로 숨 쉬고 먹고 자는 등 신체적 욕구를 의미한다. 생존에 필수적인 욕구이기에 가장 강력하다.

2. **안전 욕구** — 성인은 위급한 일이 발생하거나 사회가 붕괴되는 상황에서 안전 욕구를 느낀다. 하지만 어린아이들은 평상시에도 불안의 징후를 보이며 안전 욕구를 강하게 느낀다.

3. **소속의 욕구** — 인간은 외로움과 고독에서 벗어나고 싶어하며 사랑과 애정, 소속감을 주고받기를 원한다.

4. **존중의 욕구** — 인간이 만족감과 자신감, 자신이 가치 있다는 느낌을 갖기 위해서는 안정적이고 확고한 내적상위의 자존감과 타인의 외적하위의 존중이 필요하다.

5. **자아실현 욕구** — 자신의 본질에 더욱 가까워지려는 욕구로 개인이 자신의 잠재력을 온전히 펼쳤을 때 충족된다. 매슬로에 따르면 "음악가는 음악을 해야 하고 화가는 그림을 그려야 하며 시인은 시를 써야 한다. 그래야 궁극적으로 자신과 화해할 수 있다. 인간은 자신이 될 수 있는 모습이 되어야만 한다."

이 다섯 가지 욕구들이 충족되지 않으면 인간은 불안하고 초조하고 긴장되며 무언가 결핍된 기분을 느낀다.

매슬로는 사람들이 자아실현 욕구의 단계까지 나아가지 못하는 유일한 이유가 사회 또는 더 구체적으로 고용주가 그들의 길을 가로막고 있기 때문이라고 말했다. 직장은 개인을 성장시키기도 하지만 장애물이 되기도 한다.

● 도전에 나서는 자세

당신에게 어떤 일을 꼭 이루어야 하는 이유가 101가지 있다면 이유가 단 하나인 사람보다 그 목표를 이룰 가능성이 훨씬 높다. 101가지 이유 중 99가지가 쓸모없어지더라도 나머지 2개의 이유가 당신을 목표까지 인도할 것이다. 내가 위에서 나열한 이유들은 그저 내 경험에서 나온 실례에 불과하다. 기꺼이 도전에 나서고 싶은가? 그렇다면 당신만의 이유를 찾아라. 하나로는 부족하다. 가능한 한 많은 이유를 찾아야 한다.

평범한 사람들의 평범하지 않은 인생

프랜 카포만큼 무한 도전의 정신에 어울리는 사람이 또 있을까? 어떤 도전이든 피하지 않는 정신 때문에 그녀 앞에는 상상도 못한 인생이 펼쳐졌다.

희극 배우로 출발한 카포는 라디오 방송국의 일기 예보와 교통 정보 리포터로 비교적 성공 가도를 달리고 있었다. 그러던 어느 날 한 신문과의 인터뷰에서 다음 계획이 무엇이냐는 질문을 받게 되었다. 마땅히 할 말이 떠오르지 않았던 그녀는 자기도 모르게 "가장 말을 빨리 하는 여성으로 기네스북에 오르는 것"이 계획이라고 말해 버렸다. 그 기사가 나온 것은 이튿날 아침인데 그날 저녁 카포는 벌써 미국의 유명 토크 쇼 〈래리 킹 라이브〉에 출연하여 기네스북에 도전하고 있었다. 그리고 더욱 놀랍게도 신기록을 세우는 데 성공했다. 《시편》 91편의 545단어를 단 1분 만에 읽은 것이다.

그녀의 화려한 도전기가 막을 올리는 순간이었다. 그날을 시작으로 카포는 마라톤 선수에, 전투기 조종사에, 레이서에 도전했고, 자전거에서 한 번도 내리지 않고 100마일약 160킬로미터을 완주하는가 하면 상어 떼들 한가운데로 잠수하기도 하고 침몰해 가라앉은 타이타닉 호 안에서 추도식을 하고, 킬리만자로 산꼭대기에서 책 사인회를 열었다.

100

5

★

팀워크를
활용하라

★

한 명의 단호한 사람은 중대한 변화를 가져올 수 있다.
그러나 한 무리의 단호한 사람들은 역사의 흐름을 바꿀 수 있다.

| 소니아 존슨, 미국의 여성 운동가 |

★

함께 모이는 것이 시작이고 계속 함께하는 것이 진보이며
함께 일하는 것이 성공이다.

| 헨리 포드, 포드 자동차 설립자 |

서로 다른 곳을 보며 헤엄치다

내가 애틀랜타 패럴림픽에서 주력할 종목은 400미터 자유형과 100미터 배영과 혼계영정해진 거리를 네 명의 선수가 배영, 평영, 접영, 자유형의 순서로 헤엄을 쳐 속도를 겨루는 수영 경기이었다. 그러나 대회를 1주일 앞두고 바이러스성 폐렴에 걸려 다시 한 번 그동안 흘린 땀이 모두 수포로 돌아갈 위험을 맞게 되었다. 그래도 나는 400미터 자유형 세계 신기록 보유자였고 그 덕에 여전히 자신감에 차 있었다. 타이 기록운동 경기에서 이전에 기록한 것과 같은 기록을 세우거나 혹시 내 기록을 경신하기라도 한다면 우승할 승산이 있다고 믿었다.

시합 당일에는 몸 상태도 좋았고 경기 내용도 좋았다. 전광판을 보니 기록은 4분 31초 87이었다. 내가 세운 세계 신기록과 타이를 이룬 기록이었다. 그러나 내 예상과 다른 점이 있다면 다른 선수들이 둘이나 그 기록을 깼다는 사실이었다. 나에게는 실망스러운 동메달이었다. 이틀 후 100미터 배영에서는 은메달을 땄다. 비록 경기 내용은 상대적으로 흡족한 편이었지만, 4년 동안 오직 목표로 삼고 달려온 메달은 따지 못했다. 나는 금메달을 원했지 은메달이나 동메달을 원한 것이 아니었다.

이제 이 대회에서 마지막 남은 경기는 남자 혼계영뿐이었다. 금메달을 딸 마지막 기회였다.

장애인 수영 선수의 등급

패럴림픽에서 수영 종목은 출전하는 선수의 장애 정도에 따라 열 가지 등급으로 나뉜다. 무릎 아래의 한쪽 다리만 절단한 나 같은 선수는 경미한 장애인으로 10등급에서 경기한다.

등급의 숫자가 줄어들수록 수영 선수의 장애 정도는 보다 심해진다. 1등급이나 2등급의 선수들은 고도의 척수 손상을 입었거나 여러 군데 절단 수술을 받았거나 심각한 뇌성 마비가 있는 선수들인 경우가 많다. 10등급인 나는 보통 다른 등급의 선수들과 시합할 일이 없다. 권투 선수들이 같은 체급끼리만 시합하는 것과 같은 이치다.

유일하게 다른 등급의 선수들과 시합하는 경우가 있으니 계영에 출전할 때다. 나는 34점 계영에 출전했는데 이 종목에서는 선수들의 등급을 합친 숫자가 34점을 넘지 않는 한도에서 선수들의 가장 좋은 조합을 찾아내야 한다. 예컨대 7등급, 8등급, 9등급, 10등급에서 각각 한 명씩 뽑아 팀을 꾸릴 수도 있고 7등급에서 두 명, 10등급에서 두 명을 뽑아 팀을 꾸릴 수도 있다. 다양한 조합들이 가능하기에 보통 선두가 몇 번이나 엎치락뒤치락하는 스릴 넘치는 경기가 펼쳐진다.

애틀랜타에서 나는 10등급 선수로 계영의 마지막 구간에 출전했다. 우리 팀의 다른 선수들은 각각 7등급과 8등급, 9등급이었다. 독일 대표 팀은 강력한 우승 후보였지만 나는 마지막 주자인 내가 입수할 때 독일 선수와 격차가 크게 벌어져 있지만 않다면 우리 팀이 이길 수 있으리라 확신하고 있었다.

계영의 마지막 주자가 되는 것은 우리 팀이 이기고 있을 때는 아주 흥분되지만 그 반대인 경우에는 맥이 빠지는 일이다. 배영 구간이 지나자 우리 팀이 독일 팀을 따라잡았다. 그 다음 평영 구간에 출전한 독일 선수 스테판 뢰플러는 믿을 수 없는 속도를 냈다. 눈 깜짝할 사이 우리는 12미터나 뒤처졌다. 가슴이 덜컹했다. 금메달이 다시 멀어지고 있었다.

우리 팀의 다음 선수인 길스 롱이 거대한 몸집의 독일 선수 데틀레프 슈미트를 상대로 조금씩 격차를 좁혔지만 내가 입수할 차례가 되었을 때 우리는 여전히 7미터나 뒤처져 있었다. 나는 젖 먹던 힘을 다했고 50미터를 남겨 두고 간신히 독일 선수 근처까지 따라갔다. 옆 레인에서 수영하고 있는 그의 모습이 바로 눈앞에 보였다. 25미터를 남겨 두고 가슴에 통증이 느껴지기 시작했을 때는 겨우 1미터 뒤에 있었다. 마지막 몇 미터를 남기고는 드디어 거의 따라잡았다. 혈액에 젖산이 쌓이며 이미 피로해진 근육이 점점 말을 듣지 않았지만 나는 결승점까지 페이스를 유지하려고 안간힘을 썼다. 드디어 터치 패드를 찍고 기록을 확인하기 위해 뒤를 돌아보았다. 마지막 한 방울의 힘까지 쥐어짠 후였다. 전광판을 보려는데 기울어지는 저녁 햇살이 눈을 찔렀다. 막 손바닥을 들어 햇살을 가리려 하는데 독일 팀 전체가 경기장이 떠나갈 듯 함성을 질렀다. 겨우 0.12초 차이로 독일에 우승을 빼앗긴 것이다. 힘들게 고생했던 4년간의 훈련이 0.12초 때문에 물거품이 되는 순간이었다.

낙담했다는 말로는 그때 느낀 감정을 다 표현할 수가 없다. 내 기분은 마치 당첨된 복권이 주머니에 들어 있는 줄 모르고 바지를 세탁기에 돌려 버린 사람과 같았다. 나는 망연자실했다. 물론 그냥 수영 경기일 뿐이라고 말하는 이도 있겠지만 내가 지난 4년간 자신을 희생하며 뼈를 깎는 훈련을 한 이유는 오직 이날을 위해서였다. 금메달은 손만 뻗으면 닿을 수 있는 거리까지 다가왔다가 허무하게 사라져 버렸다.

대회가 끝난 후 여느 때와 마찬가지로 평가의 시간을 가졌다. 배운 점은 무엇이고 고칠 점은 무엇인지 짚어 보기 위해서였다. 한 가지는 분명했다. 우리는 정말 최선을 다해 열심히 훈련했다. 나는 충분히 우승할 실력이 있었던 우리 팀이 2등에 그친 이유를 도무지 알 수 없었다. 시간이 지나도 그날의 경기가 머릿속을 떠나지 않았고, 마지막 5미터를 헤엄치고 있는 악몽을 반복해서 꾸기도 했다. 매번 터치 패드를 찍을 때마다 놀라 잠에서 깬 나는 침대 옆에 놓인 은메달을 믿을 수 없다는 듯이 쳐다보곤 했다.

무엇이 잘못이었는지 깨닫는 데는 두 달 반이 걸렸다. 부모님과 함께 있던 어느 주말에 어머니께서 BBC에서 중계한 그날 시합을 녹화해 두었는데 가져가겠냐고 물어보셨다. 아직 경기 결과의 여파에서 벗어나지 못한 까닭에 다시 보고 싶은 생각은 전혀 없었지만 녹화가 지워지기 전에 한 번 훑어보기로 마음을 먹었다. 내가 출전한 마지막 구간을 처음부터 다시 보았다. 과정부터 결과까지 역시 달라진 건 없었다. 그러나 그때, 중계가 끝나기 직전 스쳐간 짧은 화면에서 눈에 들어온 장면이 있었다. 우리 팀 네 명의 선수들이 나란히 시상대에 서 있는 장면이었는데 둘은 미소를 짓고 있었고 나머지 둘은 넋 나간 듯 보였다.

　바로 그때 나는 무엇이 잘못이었는지를 깨달았다. 열심히 훈련한 것은 사실이나 그게 전부가 아니었던 것이다. 우리는 네 명의 개인이 아니라 한 팀으로 경기에 임했어야 했다. 당연한 말처럼 들리겠지만 그렇지 않다. 주어진 일에 지나치게 전념하다 보면 개인으로 뛰어난 성과를 내는 것과 팀의 일원으로 맡은 역할을 하는 것은 전혀 별개의 문제임을 잊어버리기 쉽다. 이 중요한 사실을 잊는다면 언제나 2등에 머무르고 말 것이다.

팀원들에게 지지를 얻기

애틀랜타 대회에 나갈 당시 나는 떠밀려서 뽑힌 리더였다. 분명 당신 주변에도 이런 사람이 있으리라. 이들은 자신의 일에 능숙하고 경력도 가장 오래되었기에 한 팀의 리더가 되었지만 거기 상응하는 리더십은 갖추지 못한 경우가 많다. 적어도 나에겐 분명 리더십이 없었다. 나는 고대 로마 황제들 식으로 민주적이기보다는 독재적으로 팀을 이끌었다. 말을 많이 하고 귀는 닫았다. 서로 공감을 나누는 일도 거의 없었다. 나는 임무 지향적인 사람이었던 것이다. 결과적으로 나는 내 목표에 대한 팀원들의 지지를 얻는 데 실패했다. 그들이 과연 내 목표가 무엇인지 알았는지조차 의심스럽다. 돌이켜 보면 나 또한 그들의 목표가 무엇인지 알지 못했다. 그래서 우리는

106

세계적 수준의 선수들이 모인 애틀랜타에서 팀의 목표도 모른 채 경기에 나선 어이없는 상황을 맞게 된 것이다.

겉으로는 팀처럼 보였을지 모르지만 우리는 효율적인 팀이 아니었다. 팀의 구성원들이 각자 다른 목표를 가지고 있다면 100퍼센트의 실력 발휘를 기대하기는 어렵다. 우리 팀에서 두 명의 목표는 오직 금메달이었다. 나머지 두 명은 색깔에는 상관없이 메달을 딴 것만으로 만족했다.

사실을 이야기하면 우리 팀의 한 선수가 자기 때문에 팀이 실격당할까봐 너무 걱정한 나머지 출발대에서 꾸물거리다가 귀중한 시간을 낭비했다. 1년 전 유럽 선수권 대회에서 그는 실수로 부정 출발을 했다. 이전 주자가 들어오기 영 점 몇 초 전에 물에 뛰어든 것이다. 우리는 실격패를 당했고 독일 팀이 우승을 했다.

우리는 한 팀으로서 그가 그 기억을 극복하도록 돕지 못했다. 그래서 이번 애틀랜타 대회에서 그는 기다리고 기다리고 또 기다렸다. 이전 주자가 완전히 들어온 것이 확인되기까지. 0.2초나 0.3초의 아주 짧은 시간이었지만 그날 우리는 겨우 0.12초 차이로 금메달을 놓쳤다. 그래서 내가 그를 책망했을까? 아니다. 나는 스스로를 책망했다. 내가 나 말고 팀에 좀 더 관심을 쏟았더라면 우리 모두는 그의 두려움을 눈치 챘을 테고, 서로 이야기해서 문제를 극복할 수 있었을 것이다. 그리고 모두 뜻을 모아 팀의 목표까지도 정할 수 있었을 것이다.

팀이 제대로 돌아가려면

여럿이서 한 팀을 이루어 일할 때는 다음 두 가지를 분명히 하라. 달성하려는 목표가 무엇인가? 성공을 무엇으로 정의하는가? 나는 '무엇을(What), 어떻게(How), 언제(When), 누가(Who)'라는 3W1H를 확인한다. 문제가 무엇인가? 그 문제를 어떻게 해결할 것인가? 언제까지 해결할 것인가? 누가 해결할 것인가? 이 원칙에서 흔들리면 안 된다. 팀 구성원들의 성향에 따라 좌지우지되도록 놔두어서도 안 된다. 달성하려는 목표에 초점을 맞추고 회의를 할 때는 반드시 진행 상황과 결정 사항을 확인해야 한다.

| 에티엔 드 빌리에르, 세계 프로 테니스 협회 회장 |

누가 우리 팀일까?

존 F. 케네디 전 미국 대통령이 나사NASA를 방문했을 때의 일이다. 대통령은 가끔씩 직원들 사이에 멈추어 서서 말을 걸었다. "이 시설에서 무슨 일을 하십니까?" 대통령이 한 남자에게 물어보았다. 그 남자는 "저는 인간을 달에 보내는 일을 돕고 있습니다"라고 대답했다. 그 남자는 나사의 수위였다.

이 이야기는 팀이라는 것이 얼마나 강력하고 포괄적인지를 잘 보여 준다. 누구도 혼자 힘으로는 인간을 달에 쏘아 보낼 수 없다. 전문가들로 이루어진 팀만이 해낼 수 있는 일이기 때문이다. 그렇다면 수위는? 수위도 일급 과학자나 우주 비행사와 마찬가지로 팀의 일원이다. 수위가 시설을 지키는 자신의 임무를 게을리 했다면 인류의 가장 위대한 업적 중 하나를 이루는 데 차질이 생겼을지도 모르는 일이다.

팀워크와 협력의 역사는 오래되었다. 동굴 벽화에 남은 증거들도 인간이 석기시대부터 협력했음을 보여 주고 있다. 협력을 통해 석기시대 사람들은 혼자라면 엄두도 내지 못했을 사냥감을 잡을 수 있었다. 대개의 현대인들은 석기시대보다는 좀 더 수월하게 식량을 얻고 있지만 팀워크는 그때와 마찬가지로 중요하다.

당신이 어떤 사람인지도 중요하지만 당신이 팀의 일원이라는 사실도 못지않게 중요하다. 오지에서 혼자 사는 은둔자가 아니라면 당신은 직장에서 한 팀의 일원일 테고, 구성원이 당신과 배우자 단둘뿐이더라도 '가족'이라 부르는 팀의 일원일 것이며, 취미로 운동하는 팀에 소속되어 있을지도 모른다. 우리는 살면서 자신이 팀의 일원임을 자각하지 못할 때가 많다. 마찬가지로 지금 누가 우리 팀인지도 모르고 있는 것은 아닐까?

수영에서의 팀이란?

아마 독자들은 지금쯤 내가 매우 의욕이 넘치는 사람이라는 사실을 눈치 챘으리라. 내가 속해 있던 팀은 모두 금메달을 땄으며 매우 강력한 동기를 가지고 있었다. 그러나 성공은 더 긴 여정의 시작일 뿐이었고 한번 금메달을 따고 나자 우리 팀의 목표는 더 원대해졌다.

우리는 꾸준히 새로운 기술들을 연구하고 훈련에 적용하는 동시에 '수영 팀'이라는 게 진정 의미하는 바가 무엇일까 다시 생각해 보았다. 우리 팀의 구성원은 누구누구인가? 당연히 수영 선수들이 포함된다. 하지만 수영 선수들에 가려 보이지 않는 수많은 관계자들, 즉 의사, 간호사, 생리학자, 스포츠 심리학자, 생화학자, 생체 역학자, 물리 치료사, 팀 매니저, 코치, 훈련 장소로 사용하는 수영장 직원들까지 우리는 모두 한 팀이다.

때로 우리 수영 선수들은 팀을 구성하는 나머지 사람들이 선수들이 금메달을 따도록 돕는 데 100퍼센트 최선을 다하지 않는다는 느낌을 받는다. 물리 치료사들은 선수들에게 가장 치료가 필요할 때 휴가를 떠난다. 생화학자들은 한참이 지나서야 선수들에게 데이터 분석 결과를 알려 준다. 감독은 엉뚱한 데 정신이 팔려 있다. 수영장 직원은 훈련 시간이 다 되도록 아무런 준비도 하지 않고 있다. 이런 문제들이 산발적으로 일어난다면 큰 해는 없다. 그러나 한데 모이면 선수들의 성적에 영향을 끼친다. 예를 들어 공장에 제품을 불량 포장하는 직공이 하나 있다고 하자. 한 번은 문제가 되지 않을지 모르지만 반복적으로 불량이 발생하면 영업부의 힘든 수고도 수포로 돌아간다.

수영 선수들은 많은 관계자들이 자신을 팀의 일원으로 생각하지 않는다는 사실을 놓치고 있는지도 모른다. 이 사람들은 우승하는 과정에서 자신들이 얼마나 중요한 역할을 맡고 있는지조차 모를 가능성이 높다. 우리 선수들은 이들이 자신의 중요성을 인식하도록 돕고 우리가 언제나 감사하고 있음을 알려야 했다.

당시 코치였던 라스 허머는 금메달을 따는 과정에 참여하는 모든 사람들에게 끊임없이 동기를 부여했다. 그는 기회가 있을 때마다 팀의 우승에 모두가 책임이 있음을 강조했다. 팀의 일원이라는 생각이 머리에 박히게 하려면 반짝 약효만 보고 사라지는 처방으로는 곤란하다. 마치 하루 세 번 이를 닦는 것처럼 매일 꾸준히 팀원들에게 주입시켜야 한다. 팀의 문화 자체를 바꾸는 일이기 때문이다.

나의 은퇴 경기였던 아테네 패럴림픽에서 우리 계영 팀은 그 어느 때보다 빠른 기록을 냈다. 예선과 결선에서 중국 팀이 세운 이전 세계 신기록을 깬 기록이었다. 팀으로서는 대단한 성과였다. 그러나 내가 가장 성공했다고 느낀 순간은 아테네에서 금메달을 목에 걸었을 때가 아니라 귀국했을 때 찾아왔다. 맨체스터 수상 경기 센터에서 1주일간 코치인 라스와 함께 대회 때의 신체적, 심리적 긴장을 푸는 훈련을 하고 있을 때였다.

필 크루슨이 우리 곁으로 다가왔다. 그는 이 수영장의 관리인이었다. 그의 임무는 우리 훈련 시간에 맞춰 훈련 설비를 준비해 놓는 것이었다. 그는 라스에게 다가와서 텔레비전에서 아테네 패럴림픽을 보고 얼마나 기뻤는지, 그리고 우리 팀이 메달을 따는 모습을 보고 얼마나 자랑스러웠는지 이야기했다. 그리고 그가 남긴 한마디는 그동안 팀워크를 강조한 것이 헛되지 않았음을 증명해 주었다.

"나도 같은 팀이잖아요. 안 그래요?"

그렇다. 그는 틀림없이 우리와 한 팀이었다.

팀은 어떻게 이루어지나?

효과적인 팀워크에 관한 연구는 수없이 많다. 대부분의 연구는 사람들이 직장이라는 조직 안에서 일하는 방식을 연구한다. 왜냐하면 조직이 성공하는 데는 직장에서의 협력과 팀워크가 무엇보다 중요하기 때문이다. 지구촌 어디에서나 손발을 맞추어 노를 젓는 보트 팀이나 줄다리기를 하는 팀의 사진이 사무실 벽에 걸려 있는 풍경을 흔히 보게 된다. 직원들도 똑같이 좋은 '팀 플레이어'가 되라는 훈계가 담겨 있는 것이다.

팀은 어떻게 이루어질까? 저명한 미국 심리학자 브루스 W. 턱맨은 팀이 탐색기, 준비기, 형성기, 실행기의 4단계를 거치며 발달한다고 보았다. 턱맨의 그룹 발달 모델에서 팀은 온전한 한 팀이 되기 전에 일련의 사건들을 겪어야 한다. 각각의 단계에는 업무적 요소와 관계적 요소가 있다.

탐색기에서 구성원들은 팀의 목표와 규칙을 찾는다. 규칙은 목표를 이루는 데 도움이 되는 정보를 제공한다. 관계의 측면에서 팀 구성원들은 서열을 짓기 위해 서로를 시험하고 속인다. 이 단계에서는 역할을 분명히 규정하고 누가 리더인지를 명확히 밝히는 것이 좋다.

준비기에서 팀은 혼란과 변화의 시기를 거친다. 팀 구성원들은 주어진 업무와 리더의 권위에 도전한다. 이 단계에서는 올바른 접근이 무엇보다 중요하다. 갈등을 묻어 버리면 팀에는 불만과 불신이 팽배하여 나중에 결국 폭발하게 된다. 갈등은 오히려 부추겨서 터뜨려 버려라. 갈등을 질질 끌면 불안과 적개심만 남게 된다.

형성기에서 팀은 드디어 하나가 되기 시작한다. 팀원들이 서로 협력하고 소통하며 책임감을 느낀다. 스스로를 효율적인 팀으로 느끼며 그렇게 움직이기 시작하는 단계다.

마지막 실행기에서 이제 매우 효율적으로 변한 팀은 문제 해결을 위해 서로 협력한다. 팀 구성원들에게는 각자에게 알맞은 역할이 주어지고 그들은 서로의 부족한 점을 보완한다.

1960년대 메러디스 벨빈 교수의 연구도 팀워크에 관한 연구로 유명하다. 벨빈은 영국의 헨리 경영 대학에서 '팀워크'를 연구하면서 팀 구성원들을 대상으로 일련의 성격 검사와 심리 검사를 수행했다. 이 연구에서 벨빈은 특정한 성격의 조합이 다른 조합보다 성공적이라는 사실을 발견했다. 그는 이상적인 팀을 구성하는 데 필요한 9가지 역할의 유형을 규정했다.

벨빈의 9가지 팀 역할 유형

당신은 다음 유형 중 어디에 속하는지 체크해 보라.

- **완결자**: 부지런하고 근면하며 꼼꼼하다. 제시간에 일을 마친다. 업무를 제대로 완수하지 못할까봐 걱정한다. 다른 사람에게 위임을 잘 하지 못한다.
- **조정자**: 매우 똑똑한 사람은 아니더라도 늘 자신감에 차 있다. 훌륭한 관리자이자 조직자. 주로 회의를 주재하는 쪽이다.

- **실행자**: 꾸준하고 능률적이다. 말보다는 행동이 우선한다. 아이디어를 실행에 잘 옮긴다. 규율과 규칙을 중요하게 여긴다. 반복되는 일에도 싫증을 내지 않으며 변화를 꺼린다.

- **냉철한 평가자**: 여러 가지 안건들을 평가하고 상황을 판단하는 데 능하다. 전략적 판단이 뛰어나지만 카리스마가 있거나 사기를 돋우는 유형은 아니다. 꾸준하다.

- **창조자**: 창조적인 문제 해결사. 예측할 수 없고 인습에 얽매이지 않는다. 기발한 아이디어를 제시한다. '평범한' 사람들과는 잘 어울리지 못한다. 지루한 걸 참지 못한다.

- **자원 탐색가**: 업무 초반에 훌륭한 성과를 낸다. 의사소통 능력이 뛰어나고 다른 팀원들에게 자극이 되며 열정적이고 외향적이다. 쉽게 흥미를 잃고 새로운 일을 하고 싶어 한다.

- **추진자**: 수완가. 업무 진행 속도가 빠르고 정력적이며 의욕적이다. 추진력과 설득력이 강하고 팀이 성과를 내도록 주도한다. 날카롭고 다혈질이지만 팀을 이끌고 어려운 난관을 헤쳐 나간다.

- **전문가**: 전문적인 지식이나 기술을 갖추고 있으며 진취적이고 자발적이다.

- **분위기 조성자**: 중재자. 팀을 한데 묶어 주는 역할. 마찰을 줄이며 남들과 잘 융합한다. 남의 말을 잘 들어주고 팀의 결속력을 높인다. 사회성과 직관이 뛰어나다. 우유부단하며 실행이 빠른 편이 아니어서 리더로는 적합하지 않다.

벨빈의 팀 역할 이론은 아직도 널리 사용되지만 최근 연구에서는 팀워크의 다른 측면들이 더 부각되고 있다. 벨빈은 팀을 개인들이 모여 이루어진 실체로 보고, 팀의 성공은 곧 그 개인들이 자신의 역할을 얼마나 성공적으로 수행하느냐에 달려 있다고 생각했다. 최근에는 팀을 개인들의 집단이라기보다는 하나의 전체로 보는 시각이 있다. 성과를 얻는 데 필요한 집단 능력을 보는 것이다.

한 연구에서는 팀의 집단 능력을 측정할 때 중요한 것은 주어진 업무를 완수하고야 말겠다는 의욕의 정도와 꼭 완수하리라는 자신감의 정도라고 밝혔다. 팀 정신이라는 개념으로도 집단 능력을 설명할 수 있다. 성공한 경험이 있고 역경을 극복해 본 집단은 한 팀으로서의 정체성을 가질 수 있는 기회를 가지며 실패를 경험해 보지 못한 집단보다 더 좋은 성과를 낸다.

효율적인 팀을 이루기 위해서 다음을 유념하라.

- ◆ 다른 팀원들을 대변하지 마라. 그들이 스스로 말하게 하라.
- ◆ 합의된 결정을 내려라. 불가능하다면 다수의 결정을 존중하라.
- ◆ 갈등을 묻어 두지 마라. 갈등은 그때그때 대처해야 한다.
- ◆ 개인이 공을 세우면 개인을 칭찬하지 말고 팀을 칭찬하라.
- ◆ 다른 팀원들의 공을 무시하지 마라.
- ◆ 문제가 있으면 공개적으로 이야기하라.
- ◆ 다른 팀원들을 존중하라.
- ◆ 서로 협력하라.
- ◆ 같은 팀 내에서의 경쟁은 금물이다.

이끌고 따르고 실행하기

지금까지 팀이 어떻게 이루어지며 각각의 팀 구성원들은 어떤 역할을 맡고 있는지를 이야기했다. 그러면 팀 안에서 이끌고 따라가고 실행하는 일들은 실제로 어떻게 이루어질까?

- **이끌기 :** 전통적으로 팀은 한 명의 리더가 이끈다. 리더의 역할은 사기를 높이고 동기를 부여하고 임무 완수를 지시하는 것이다. 그러나 여러 연구들에서 살펴봤을 때 그룹 안에서 리더의 역할과 리더십의 성격이 그렇게 관습적일 필요는 없다. 지위의 고하를 떠나 누구나 리더십을 가질 수 있다. 팀 안에서는 상황에 따라 그때그때 리더가 바뀌기도 한다. 따라서 리더와 팔로어follower, 따르는 자 사이의 역할 구분이 흐려진다. 마찬가지로 상황에 따라 리더는 역할을 바꾸기도 한다. 동기 부여와 격려, 중재, 지시를 적절히 사용하여 팀원들이 임무를 완수할 수 있는 환경을 만들어 주기 위해서이다. 리더의 역할에서 특히 중요한 것은 실무자들과 비전을 공유하고 그들로부터 지지를 얻어 내는 것이다. (117쪽 그림 참조)

- **따르기 :** 팔로어들은 팀이나 리더가 제시하는 방향을 잘 뒷받침하는 역할을 한다. 이들은 상부에서 제시한 목표를 구체적으로 계획하고 실행하며, 일부는 리더와 팔로어를 연결하는 중간 관리자가 되기도 한다. 좋은 팔로어는 팀의 효율을 높이는 데 꼭 필요한 존재인 만큼, 조직의 비전은 팔로어들에게까지 공유되어야 한다.

116

◆ **실행하기 :** 리더와 팔로어 모두 각자 주어진 임무를 수행해야 한다. 신뢰와 소통과 성장을 중요시하는 조직 문화가 둘의 관계를 뒷받침할 때 리더는 임무와 장기적인 비전에 대해, 그리고 그것을 실행하는 과정에 대해 팔로어의 지지를 얻게 될 것이다.

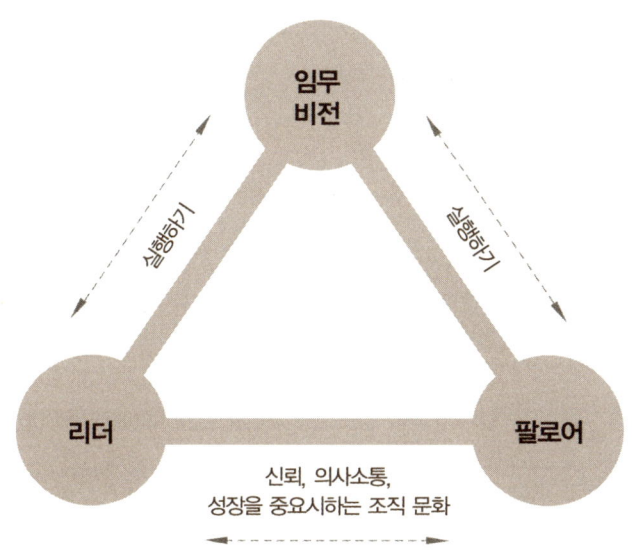

• 리더와 팔로어는 서로 공유하고 있는 임무와 비전에 바탕하여 목표를 실행에 옮긴다. 신뢰, 의사소통, 성장은 쌍방향의 과정이다.

리더를 따르기

리더십이라는 주제로는 따로 책 한 권을 써도 모자란다. 그리고 리더십을 다룬 책들이 이미 수만 권도 넘게 나와 있기도 하다. 말이 나온 김에 리더십을 간단히 정리하고 넘어가자. 설사 한 번도 스스로 리더라고 생각해 본 적이 없는 사람이라도 가끔은 리더십을 발휘해야만 하는 상황을 맞게 마련이다.

리더십 연구가들의 이론에 더해 또한 무수한 상황에서 리더 역할을 맡아보았던 나의 경험을 살려 리더십이란 무엇인지 살펴보겠다.

한눈에 보는 리더십 이론의 역사

- **위인 이론** — 리더의 재목은 타고난다. 배운다고 따라할 수 없다.
- **특성 이론** — 효과적인 리더십을 발휘하는 리더에게는 어떤 특성이 있다. 그 특성이 무엇인지 밝히면 훌륭한 리더가 되는 법을 배울 수 있다.
- **거래적 리더십** — 리더와 팔로어의 관계는 서로에게 유익한 가치의 교환에 기초한다. 단기 성과를 강조하고 보상으로 팔로어에게 동기를 부여한다. 보상에는 심리적 보상, 정치적 보상, 경제적 보상이 있다.
- **변혁적 리더십** — 리더는 팔로어를 도와 서로의 필요와 욕구, 열망, 기대를 충족시키는 장기 목표를 향해 나아가게 한다. 변혁적 리더는 팔로어를 감화시킨다.
- **카리스마 리더십** — 카리스마가 있는 영웅적인 유형의 리더십. 이런 리더는 자신이 가진 흡입력만으로 팔로어에게 영감을 주고 동기를 부여하며 이끌어 나간다.
- **진실한 리더십** — 리더는 진정한 자신의 모습이 아닌 리더십 유형을 시도하거나 받아들여서는 안 되며 다른 누군가를 흉내 내려 해서도 안 된다. 팔로어들은 리더의 진실하지 못한 부분을 귀신같이 찾아낸다. 리더는 자

118

신의 가치와 신념에 충실해야 한다.

◆ **혁신 리더십** — 특별한 능력을 갖춘 리더만이 혁신을 이룬다. 이런 리더는 조직이나 팀을 완전히 장악하고 새로운 길로 안내한다. 상의하달 식의 의사 결정을 선호하며 실행이 빠르고 강인한 리더십을 지닌다.

◆ **분산된 리더십** — 리더가 조직이나 팀에 분산되어 있거나 때에 따라 여럿이 돌아가며 리더의 역할을 맡는다.

나는 위에 있는 모든 리더십들을 상황에 따라 한 번씩 다 시험해 보았던 것 같다. 리더로서의 경험에 비추어 봤을 때 팀원들의 의견을 존중하는 참여적 리더십이 필요할 때가 있고 좀 더 독단적인 행동이 필요할 때가 있다. 상황에 따라, 임무에 따라 여러 사람이 돌아가며 리더십을 발휘하는 일도 있다. 하지만 대개는 일이 잘못되었을 때 책임을 지는 사람이 바로 리더다. 리더는 발생한 일에 대하여 해명을 할 책임이 있는 사람이다. 그렇다고 언제나 리더만 비난을 한 몸에 받아야 한다는 말은 절대 아니다.

정해진 리더가 없을 때 더 좋은 성과를 내는 사례도 있다. 오스트레일리아 여자 하키 팀 '하키루'는 1994년부터 2000년까지 하키 월드컵 대회와 올림픽에서 연속으로 금메달을 땄다. 이 팀이 특이한 이유는 단지 금메달을 땄기 때문이 아니라 주장이나 부주장이 없는 팀이었기 때문이다. 주장을 뽑지 않은 까닭은 성적에 대한 부담을 한 사람에게만 지우지 않고 여럿이 골고루 나누기 위해서였다.

팀빌딩

팀 발달의 초기 단계에서 나는 팀에 몇 가지 기본적인 규칙을 만들도록 한다. 특히 이 방법은 경험이 없는 새내기들로 이루어진 팀에 큰 도움이 된다. 최근에는 한 팀으로 호흡을 맞추는 데 실패한 갓 졸업한 신입 사원들 그룹에 이 방법을 추천했다. 이 '규칙'은 행동의 기준이 되는 큰 틀 역할을 한다. 예를 들어 다음과 같은 규칙들이 있다.

◆ 리더가 없으면 리더를 임명하라.
◆ 리더는 목표 달성에 책임이 있다.
◆ 팀원들은 목표 달성에 기여하고 리더를 도울 책임이 있다.
◆ 아이디어를 냈을 때는 단칼에 거절하지 말고 토론과 평가를 거쳐라.
◆ 모두에게 공평하게 팀에 공헌할 기회를 주어라.
◆ 목표 달성 시한을 정해서 지켜라.

나는 결코 하루아침에 결속력이 생기길 기대해 본 적이 없다. 팀이 구축되기까지는 시간이 걸린다.

| 레슬리 가사이드, 인력 관리 회사 노스게이트 최고 운영 책임자 |

팀에 관한 이야기들

내 경험에서는 팀에 관한 중요한 이야기들이 많다. 팀에 대한 이야기지만 대개는 개인 차원에서도 새겨들어야 할 충고들이며 개인의 성과를 높이는 데도 도움이 된다. 이 장에서는 간략하게 언급하겠지만 이 책의 어딘가에서 더 자세한 설명을 찾을 수 있을 것이다.

● 분명한 목표를 세워라

팀에는 반드시 목표가 있어야 하고 팀 전체가 무엇을 어떻게 달성할 것인지 합의하고 있어야 한다. 핵심은 목표가 분명해야 한다는 점이다. 예를 들어 가족 중 누군가가 이렇게 말한다고 하자. "우리 가족은 더 화목해져야 해." 말은 근사하지만 '화목'의 의미를 정확히 밝히지 않아 하나마나한 소리가 되었다. "화목한 가족이 되기 위해 우리 함께하는 시간을 더 많이 가져 보자." 조금 나아졌다. 이제 모두가 이해할 수 있는 목표가 되었으나 여전히 더 구체화할 필요가 있다. "평일을 더 알차게 보내고 주말에는 가족끼리 여행을 다녀 보자." 목표가 분명해지면 화목한 가족이 되기도 더 쉽다.

목표를 계속 분석하며 더 자세하게 세워 볼 수도 있다. 때로는 목표를 잘게 쪼개서 조금씩 차근차근 달성하는 편이 낫다. 그러지 않으면 목표가 너무 거대해 위압적으로 느껴질 수 있다.

121

• 팀 역할을 정하라

팀 내 역할은 최대한 잘 정해야 한다. 팀원들은 자신에게 어떤 의무와 책임이 있는지 분명히 알아야 한다. 그래야 마땅히 했어야 할 일을 하지 않았을 때 "그런 지시를 받은 적이 없는데요"와 같은 말이 나오거나 책임을 물을 사람이 아무도 없게 되는 일을 피할 수 있다.

• 팀끼리 끈끈한 관계를 맺어라

팀 목표를 향해 노력하는 것이 무엇보다 중요하지만 그러기 위해서는 팀원들이 서로 끈끈한 관계를 맺고 팀 목표의 가치를 믿어야 한다. 팀원들과 함께 간단한 사업 계획서를 작성해 보라. 팀원들의 지지를 얻는 데 도움이 될 것이다. 자신이 하는 일의 가치를 믿고 공통된 목적을 위해 일할 때 사람들은 더 좋은 성과를 낸다. 보람을 느끼지 않는 일에 노력을 쏟아 봤자 효율만 떨어진다.

• 팀을 신뢰하는가?

팀원들이 거리낌 없이 자기 의견을 말하고 정직하며 서로를 신뢰하지 않는다면 좋은 성과를 얻기 힘들다. 팀원들은 동등하게 대접받아야 한다. 능력 있는 팀원만 편애해서는 안 된다. 물론 잘하는 부하에게 한 번이라도 눈길이 더 가는 것이 인지상정이지만 편애는 팀에 불화를 일으킨다. 일에 서툰 팀원이라도 격려하고 다독여라. 그들의 능력을 끌어올리면 팀 전체의 경쟁력도 올라간다.

● 기준을 세워라

팀에는 목표가 필요하지만 그 목표에 얼마나 다가갔는지를 측정하는 방법도 필요하다. 목표 달성의 기준을 높게 잡을 수도 있고 낮게 잡을 수도 있다. 기준을 낮게 잡으면 사람들이 쉽게 안주할 위험이 있다. 따라서 기준은 높게 잡고 거기까지 가기 위해 채찍질을 하는 편이 낫다. 높은 기준일수록 자신의 역량을 끌어올리는 데 도움이 된다.

● 의사소통

팀이 성공하기 위해서는 리더부터 말단 사원까지 모든 팀원이 지금 팀이 어디로 가고 있는지를 확실히 이해해야 한다. 그리고 팀을 뒷받침하며 목표를 이루는 데 필요한 자기 몫을 확실히 해 주어야 한다. 이런 팀이 되려면 팀 전체가 적극적인 의사소통에 나설 필요가 있다. 팀원들은 소통을 통해 팀의 목표를 더욱 분명히 하고 비전을 구체화하며 문제가 생기면 바로바로 토론하고 해소해야 한다.

팀 내에 소통의 문화가 있어야 한다는 말은 이런 뜻이다. 팀의 규모가 커질수록 정보나 아이디어나 다른 지적 자원을 적극적으로 공유할 필요도 더욱 커진다.

● 우리 팀에는 누가누가 있을까?

유능한 팀 구성원이 되려면 팀원들을 파악하고 있어야 한다.

　◆ 당신은 어느 팀의 일원인가?

◆ - 누가 당신과 한 팀인지 알고 있는가?

◆ - 그들 각각의 역할을 알고 있는가?

◆ - 능력 있는 팀원과 도움이 필요한 팀원을 파악하고 있는가?

◆ - 팀의 리더는 누구인가?

● **독불장군은 없다**

아무리 독립적이고 남에게 의존하지 않는 사람이라도 팀의 도움 없이 혼자 잘나서 성공했다는 말로 자신을 속여서는 안 된다. 팀에는 주변부에 있는 사람도 있고 독자적으로 행동하는 사람도 있지만 어느 쪽이 되었든 팀이 이루어지는 기본 원리는 이해하고 있어야 한다. 인생에서 속하게 되는 여러 팀에서 자신의 역할을 빨리 깨달을수록 능력을 쌓는 데 큰 도움이 된다. 게다가 자신에게 꼭 맞는 팀을 만나면 그 시너지 효과는 상상을 뛰어넘는다.

★

6

소통의 중요성을 늘 기억하라

★

소통에서 가장 큰 문제점은
소통이 일어났다고 착각하는 데 있다.

| 조지 버나드 쇼, 아일랜드의 극작가 |

★

가장 아름다운 표현은
대개 단순하고 꾸밈없는 말들로 이루어진다.

| 조지 엘리엇, 영국의 시인이자 극작가 |

팀에서의 대화란?

유럽 선수권 대회는 아무래도 긴장이 되는 패럴림픽 대회에 비해 참가하는 선수들의 마음도 훨씬 여유롭다. 1999년 독일 브라운슈바이크에서 열린 선수권 대회에 출전한 우리 영국 수영 팀은 상당한 메달을 기대하고 있었다. 나에게는 개인 경기 외에도 우리 400미터 자유형 계영 팀의 기초를 다져서 2000년에 열리는 시드니 패럴림픽에서 메달 획득을 노려 볼 수 있는 절호의 기회였다. 고참 선수였던 나는 우리가 시드니 대회에서 우승하려면 팀원들 모두가 공통의 목표를 갖는 것이 무엇보다 중요함을 알고 있었다.

1996년의 애틀랜타 패럴림픽에서 우리는 한 팀이었으나 그리 효율적인 팀은 아니었다. 나는 이곳 브라운슈바이크에서 팀원들이 시합에서 달성하고자 하는 목표가 무엇인지 확실히 알아내기로 마음먹었다. 예전처럼 지레 어림짐작하지 않고 하나씩 만나서 직접 이야기를 들어 볼 생각이었다. 우리가 분명한 팀 목표를 정할 수 있다면 애틀랜타 대회에서처럼 아깝게 금메달을 놓치는 일은 없을 것이었다.

중요한 문제 중 하나는 주자들의 순서를 정하는 것이었다. 보통 가장 빠른 선수를 마지막 주자로, 두 번째로 빠른 선수를 첫 주자로 놓고 나머지 둘을 가운데 배치하는 것이 정석이다. 문제는 이러한 조합이 안정적이기는 하지만 선수들의 장점을 언제나 100퍼센트 이끌어 내는 건 아니라는 점이다. 이번만큼은 각각의 선수들이 모두 만족하는 순서를 정해서 팀 전체를 더 강하게 만들고 싶었다.

맷 워커는 팀에 갓 들어온 선수로 1998년 뉴질랜드에서 열린 세계 선수권 대회에서 처음 영국 국가대표 팀에 합류했다. 그는 경미한 뇌성 마비를 앓고 있었고, 가벼운 떨림 증상 때문에 수영할 때 마음대로 제어하지 못하는 부분이 있었다. 이번 대회에서 처음 계영 팀에 출전할 기회를 얻은 그는 기대에 부풀어 있었다.

이번에는 애틀랜타 때와는 달리 한 팀으로서 소통하고 공통된 팀 목표를 갖는 것이 나의 목적이었다. 그래서 독일에 처음 도착한 날 맷에게 계영의 몇 번째 주자로 뛰길 바라냐고 물어보았다.

"제가 가운데 주자인 거 아니었어요?" 자신의 기록이 팀에서 가장 느리다는 것을 알았던 그는 이렇게 말했다.

"맷, 네가 얼마나 만족하느냐가 더 중요해. 네가 만족할수록 더 좋은 기록이 나올 테니까."

"그렇게 말씀하시니 드리는 말인데…… 사실 인계 받을 때 좀 불안하긴 해요."

맷은 떨림 증상 때문에 출발대에 선 자세가 다소 불안정했다. 개인 경기에서는 준비 시간이 더 많이 주어지기 때문에 큰 문제가 없지만 계영에서는 완전히 이야기가 다르다. 릴레이로 이어지기 때문에 그 부담이 훨씬 크다. 계영에서 선행 주자가 터치 패드를 찍기 전에 다음 주자가 출발대를 떠나면 안 된다. 인계에 걸리는 시간을 단축하기 위해서는 선행 주자가 막 들어오려는 순간 다음 주자가 입수 동작에 들어가야 한다. 이러한 롤링 스타트 방식으로 팀의 기록을 0.5초 정도 앞당길 수 있다. 그러나 이 타이밍을 맞추기 위해서는 선행 주자와 다음 주자의 호흡이 매우 정확해야 하는데 출발대에 선 자세가 불안정하다면 어려움은 배가될 수밖에 없다. 따라서 맷은 많이 불안해하고 있었고 그 불안은 팀에도 영향을 미쳤다.

"그럼 첫 주자로 나서는 건 어때?" 나는 그에게 물었다.

"그렇게만 된다면 더 바랄 게 없죠!"

"좋아, 결정했다. 첫 주자로 뛰고 싶으면 그렇게 해. 네가 원하는 자리에서 더 좋은 기록을 내리라 믿는다. 네 기록이 더 빨라지면 우리 팀이 우승할 확률도 높아지는 거니까."

맷은 갑자기 팀에서 소통의 길이 터지고 자신이 선택권을 갖게 된 사실에 약간 놀라는 듯 보였다. 나는 아무렇지 않은 얼굴로 그를 안심시켰다. 나머지 주자들은 단순히 순서를 하나씩 뒤로 미루었다. 조디 컨디는 팀에서 두 번째로 빠른 선수인데다가 스타트도 빨라서 보통 계영의 첫 주자를 맡았다. 그러나 그도 일단 맷의 속마음을 알고 나자 맷이 첫 주자인 것이 모두를 위해 더 낫다고 판단했다. 그래서 조디와 데이비드 로버츠와 나는 다음 순서를 택했다.

결과는 어찌 되었을까? 계영 결승전에 나갈 때 우리 팀 모두는 이미 각자 메달을 하나 이상 딴 상태였다. 이번 선수권 대회의 마지막을 금메달로 장식한다면 금상첨화가 될 터였다. 맷은 첫 주자의 임무를 훌륭히 완수했고 나중에야 알게 된 사실이지만 자신의 개인 최고 기록을 경신하기까지 했다. 마지막 주자인 내가 입수했을 때 우리 팀은 벌써 선두였다. 내가 평소만큼만 해도 우승을 기대할 수 있는 상황이었다. 그러나 내가 바라는 것은 그저 우승만이 아니었다. 우리의 역량이 어디까지인지를 정확히 알고 싶었다. 나는 마지막 100미터를 있는 힘껏 헤엄쳤다. 터치 패드를 찍고 전광판을 바라봤을 때 함성 소리와 함께 온몸에 전율이 퍼졌다. 우리는 금메달을 땄을 뿐 아니라 세계 기록을 3초나 앞당겼다.

프리츠

내가 즐겨 사용하는 의사소통 방법 중에 '프리츠'라 부르는 것이 있다. 미국에서 가장 잘 나가는 대학 미식축구팀 코치가 시즌 첫 경기의 작전 회의 시간에 선수들을 불러 모았다. 코치가 프리츠라는 이름의 덩치 큰 수비수 쪽을 바라보며 "다음 작전은 뭐지?" 하고 물으면 프리츠는 다음 작전을 큰 목소리로 외치곤 했다. 이러한 장면이 전반 내내 반복되자 마침내 참다못한 쿼터백이 왜 프리츠에게만 계속 작전을 물어보느냐고 코치에게 따져 물었다. 코치는 대답했다. "프리츠는 팀에서 가장 이해가 느린 선수다. 그런 프리츠가 다음 작전을 알고 있으면 팀 전체가 다 알고 있다는 뜻이지."

나는 항상 회의 시간에 한 사람도 빠짐없이 현재 오가는 이야기를 이해하고 있는지 확인한다. 그리고 잘 모르는 부분이 있으면 주저 없이 손을 들고 "여기 프리츠요" 하고 말하게 한다.

| 에티엔 드 빌리에르, 세계 프로 테니스 협회 회장 |

메시지 전달하기

의사소통은 우리 생활에 없어서는 안 되는 부분이다. 사회와 문명은 소통에 기반하여 이루어진다. 정교한 의사소통 수단이 없었다면 인간은 아마 아직도 동굴에 살고 있었을 것이다. 언어의 기원은 선사 시대 이전까지 거슬러 올라간다. 언어의 역사만큼이나 의사소통이 실패해 온 역사도 아득히 오래되었다. 남성과 여성 사이에 빈번하게 생기는 오해를 빗대어 흔히 남자와 여자는 사용하는 언어 자체가 다르다고들 말한다. 그런데 고대 수메르에서 남자와 여자는 정말로 다른 언어를 사용했다. 수메르어에는 여성 언어와 남성 언어의 두 방언이 있었다. 오해의 소지가 얼마나 많았을지 상상해 보라.

오늘날 전 세계에 약 6,900개의 언어가 남아있다고 한다. 의사소통에 문제가 생길 가능성이 이렇게나 많은 것이다. 그러나 소통의 곤란을 느껴 보려고 굳이 다른 언어 사용자를 찾아갈 필요는 없다. 같은 언어를 사용하는 사람들끼리의 소통도 만만찮게 어려우니 말이다.

몸으로 말하기

의사소통에 말하기나 글쓰기만 있는 것은 아니다. 미국 캘리포니아 주립 대학교의 심리학과 교수 앨버트 메라비언은 비언어적 의사소통 또는 신체 언어 body language 분야의 개척자이다. 그는 감정과 태도의 전달에 관한 연구에서 메시지 전달의 55퍼센트가 얼굴 표정이나 태도처럼 시각적인 요소로 이루어지고, 38퍼센트는 목소리 톤과 성량, 말의 빠르기로 이루어지며 실제 대화 내용은 고작 7퍼센트밖에 영향을 미치지 않는다는 사실을 밝혀냈다.

비언어적 의사소통은 거의 무의식적으로 이루어진다. 우리는 의식적으로 미소를 짓거나 인상을 찌푸릴 때도 있지만, 거의 매일 이루어지는 대면對面 의사소통에서 셀 수 없이 많은 비언어적 신호를 보낸다. 예를 들어 입술을 내민 모습은 불만이나 유혹하고 싶은 마음, 악의 없음을 나타내고 굳게 다문 입술은 화가 났거나 단호하거나 생각에 잠겨 있음을 나타내며 혀를 내미는 것은 세계 어디에서나 무언의 불만이나 불신, 반감, 불쾌함, 불확실함을 나타낸다.

비언어적 신호를 읽는 데는 여성들이 유리하다. 몇몇 연구는 여성들이 남성들보다 비언어적 신호를 훨씬 잘 읽는다는 사실을 보여준다. 여성들은 비언어적 신호를 이용해 관계의 중요성을 전달하는 데도 훨씬 능하다. 여성들은 남성들보다 더 자주 눈을 맞추고 미소를 짓는다.

비언어적인 신호를 이해하는 법을 배우는 일은 남성과 여성을 떠나서 매우 중요하다. 비언어적 신호를 잘 이해하면 망가진 관계까지 회복할 수 있다. 부부 관계가 위태로운 사람들이라면 이 분야의 고전으로 일컬어지는 책《비언어적 의사소통: 무언의 대화》에 나오는 다음 구절을 명심하라. "부부가 서로 등을 돌리고 잔다면 부부 사이가 멀어졌음을 알리는 명백한 징후로 의심해 볼 수 있다."

훌륭한 소통을 위한 비결

　　　　　　　　　　나는 수영 선수와 대중 강연가, 십대
암 재단 활동가로서의 경험을 통해 효과적으로 의사소통을 하는 몇
가지 방법을 발견했다. 그 비결들을 여기 소개하겠다. 이 방법이 모
두에게 유용하거나 모두가 꼭 이대로 따라야 한다고 말하지는 않겠
다. 다만 나에게 도움이 되었던 방법들이 여러분에게도 도움이 되
기를 바란다.

- 먼저 귀를 기울여라.
- 소통의 장벽을 깨라.
    - 평판도 관리가 필요하다.
    - 편견을 버려라.
    - 비밀을 만들지 마라.
- 소통도 맞춤이다.
- 침묵은 금이다.
- 강약을 조절하라.
- 신체 언어와 제스처를 이용하라.
- 눈맞춤을 하라.
- 쉽게 말하라.

먼저 귀를 기울여라

소통의 기술을 한 단계 높이고 싶다면 가장 먼저 제대로 듣는 법을 배워라. 의사소통은 주고받는 쌍방향의 과정이다. 말 잘하는 사람은 많아도 듣기를 잘하는 사람은 많지 않다. 뛰어난 소통가는 둘 다 잘하는 사람이다. 고대 그리스 철학자 에픽테투스는 "입이 하나이고 귀가 둘인 이유는 말하기보다 듣기를 두 배로 하라는 뜻"이라고 말한 바 있다.

듣기에 서툴면 남의 뜻을 오해하고 관계를 망치게 된다. 간단한 예로 내가 하는 이야기는 듣는 둥 마는 둥 하고 다음에 자기가 할 말만 생각하는 사람과 마주앉아 있다고 생각해 보라. 누구나 경험해 보았겠지만 참으로 불쾌한 일이 아닐 수 없다. '네 말 따위는 한 귀로 듣고 한 귀로 흘려도 된다'는 메시지가 담겨 있기 때문이다.

잘 듣는 능력을 기르려면 어떻게 해야 할까? 먼저 비언어적 요소들을 점검해 보자. 말하는 사람을 잘 쳐다보고 있는가? 너무 멀어 잘 안 들리는 거리에 있지는 않은가? 말하는 사람이 보내는 비언어적 신호를 놓치고 있지는 않은가? 이렇게 하면 오가는 말 속에 담긴 감정의 함축까지 읽을 수 있다.

둘째로 좋은 자세로 듣자. 남의 말에 끼어들거나 틀린 말을 고쳐주기를 좋아하는 사람들이 있다. 결코 좋은 듣기 자세는 아니다. 언제나 자기가 결론을 지으려는 욕심을 버리고 판단하려 들지 마라.

마지막으로 피드백을 하기 전에 먼저 생각을 하자. 입을 열기 전에 무슨 이야기를 하고 싶은지 머릿속으로 정리해 보는 것이 좋다. 혹시 내가 편견을 갖고 있지는 않은지, 또 그 편견이 반응에 묻어나지는 않는지 스스로 점검해 보아야 한다.

소통의 장벽을 깨라

언제나 의사소통을 가로막는 장벽들이 있다. 모든 장벽을 없애기는 어렵겠지만 무엇이 소통을 가로막는지를 안다면 조심하게 될 것이다.

● 평판도 관리가 필요하다

신용의 중요성은 아무리 강조해도 지나치지 않다. 내가 대중 강연가로서 겪은 바로는 세상에는 두 종류의 사람이 있다. 내가 먼저 내 가치를 입증하기 전에는 내 말을 들어 주지 않는 사람과 일단 내 말을 듣지 않을 이유가 생기기 전까지는 귀를 기울여 주는 사람. 물이 절반만 찬 컵을 보고 '물이 절반밖에 안 남았다'고 생각하는 사람과 '물이 절반이나 남았다'고 생각하는 사람의 차이와 같다. 천성적으로 낙관적인 사람이 있는 반면 비관적인 사람도 있는 것이다. 마찬가지로 어떤 이들은 처음부터 냉소적이고 어떤 이들은 그렇지 않다. 내 강연에서도 먼저 금메달을 보여 달라는 사람, 경기 녹화 비디오테이프를 보여 달라는 사람, 심지어는 의족을 보여 달라는 사람까지 있다. 장애인이 이렇게 멀쩡하게 걷는다는 사실을 믿지 못하고 증거를 보고 싶어하는 것이다.

신용은 거저 얻어지지 않는다. 지위나 나이에 자동으로 따라오는 것도 아니다. 지식이 있고 그 지식을 올바로 사용할 때 신용이 생긴다. 신용을 쌓으려면 그 동안의 행동과 평소의 행실도 중요하다. 신용은 좋은 평판에서 나온다.

인간의 조건을 누구보다 탁월하게 이해했던 셰익스피어는 평판의 중요성을 잘 알고 있었다. 평판이라는 주제는 그의 희곡에 단골로 등장한다. "인생이 주는 가장 고귀한 보물은 흠 없는 평판입니다." 《리처드 2세》에서 모브레이가 하는 말이다. 셰익스피어는 또 이런 말을 했다고도 전해진다. "내 평판이 곧 나를 말해 준다." 이 말은 누구에게나 해당된다.

평판은 위인들 또는 대통령이나 변호사, 의사만의 전유물이 아니다. 보통 사람들에게도 모두 좋은 평판이나 나쁜 평판이 따라다닌다. 가까운 사람 몇 명에게만 물어 보면 자신의 평판이 어떤지를 금방 알게 될 것이다. 아마 생각지도 못한 평가를 받고 있을지도 모른다. 평판은 세상 사람들이 생각하는 당신의 품성으로 평판, 곧 'reputation'이라는 단어는 '사람의 가치를 평가하다'라는 뜻의 라틴어 'reputatio'에서 파생했다. 평판은 오늘날에도 16세기와 마찬가지로 중요하다. 능력을 쌓는 것만큼이나 평판을 쌓는 것도 자신의 가치를 높이는 일이다. 좋은 평판은 신뢰, 성실, 정직과 마찬가지로 사회에서 높이 평가하는 가치이기 때문이다.

자신의 가치관이 있다면 그 가치관에 어긋나지 않게 살려고 노력해야 한다. 즉 일관성이 있어야 한다. 정직하고 믿을 만한 사람이라는 평판을 쌓았다면 그러한 평판이 하루아침에 무너지지 않도록 하는 것이 중요하다. 한마디 거짓말로 또는 한 사람을 실망시킨 것만으로 공든 세월이 물거품이 될 때도 있다. 그러나 한결같이 자기 본분을 다하며 좋은 평판을 관리한다면 상대방의 믿음을 얻지 못해 의사소통에 장애가 생기는 일은 결코 없을 것이다.

● 편견을 버려라

피부색, 성별, 사회 경제적 계급과 나이에 대한 편견 때문에 소통이 실패하는 경우는 무수히 많다. 영국인들이 외국에 나가서 그 나라 사람들과 이야기하는 모습을 냉정히 지켜본 적이 있는가? 영어를 모르는 사람들 앞에서 그들은 과연 어떤 행동을 할까? 그들은 상대방이 이해가 느리거나 말귀가 어둡다고 생각하고 큰소리로 말하기 시작한다. 다른 방법으로 소통하려는 노력은 하지 않은 채. 서로 언어가 다르면 의사소통이 어려운 것은 당연하다. 하지만 목소리를 높인다고 해결될 일은 하나도 없다.

● 비밀을 만들지 마라

당신은 개방적인 사람인가 방어적인 사람인가? 평등하게 권리를 갖고 서로 나누며 사는가 아니면 남을 만나도 속을 다 드러내지 않고 보다 개인적인 삶을 선호하는가? 자유 시장 경제 체제에서는 경쟁에 살아남는 자만이 성공한다. 직장에서 내부적으로는 동료들과 경쟁하고 외부적으로는 다른 회사 직원들과 경쟁한다. 이런 상황에서는 저절로 자신의 이득만을 챙기게 마련이다. 내게 이득이 되는 일이 나의 고용주를 포함하여 다른 사람들에게는 해가 되는 일인 경우도 있다.

어떤 사람이 우연히 좋은 정보를 얻었다고 해 보자. 자기 이익을 위해서 또는 다른 사람들이 이익을 얻지 못하게 하기 위해서 그 정보를 혼자만 알고 싶은 유혹이 생긴다. 그러나 의사소통에는 반드시 정보의 교환이 포함되어 있다. 몰래 숨기려는 마음이 의사소통에 걸림돌이 되어 매우 바람직하지 못한 결과를 가져올 가능성이 있다.

왜 사람들은 좋은 정보를 나누지 않을까? 몇 가지 이유가 있다. 의사소통과 정보의 교환에는 신뢰가 바탕이 되어야 한다. 정보를 제공하는 상대방을 믿을 수 있어야 한다는 말이다. 내 정보를 가로채거나 남에게 팔아넘기지 않을 사람이라는 믿음이 중요하다.

내가 가지고 있는 정보가 누군가에게는 매우 중요한 정보임을 미처 모르고 있을지도 모른다. 회사에서 저녁 약속이 있다는 사실을 미처 말하지 않았는데, 아내가 마침 근사한 레스토랑을 예약해 놓고 기다린다고 생각해 보라. 집에 들어서는 순간, 몇 시간 늦게 퇴근하는 것이 나에게는 별일 아니지만 아내에게는 중요한 일이었다는 사실을 알게 될 것이다.

소통도 맞춤이다

십인십색十人十色이라고, 같은 이야기를 들어도 해석은 저마다 다르다. 사람마다 비언어적 신호를 다르게 받아들이거나 내용을 다르게 이해하기 때문이다. 여기서 이야기가 한 다리를 더 건너가면 정확도는 더더욱 떨어진다. 오해를 피하고 의사소통의 효율성을 극대화하려면 청중의 눈높이를 맞춘 의사소통을 해야 한다.

한 번은 뉴욕에서 300명 정도의 영업부 직원들을 대상으로 강연 초청을 받은 적이 있다. 주최 측에서는 팀워크와 팀플레이를 주제로 동기 부여 강연을 해 달라고 요청을 해왔다. 주최 측의 바람은 강연을 통해 영업부서와 비 영업부서 간의 관계가 더 단단해지는 것이었다. 그래서 나는 상당한 시간을 들여 영업부의 사기를 북돋우고 팀 정신을 강화할 수 있는 강연 내용을 준비했다.

그런데 3개월 후 뉴욕에 도착한 나는 그 기업에 약간의 '구조 조정'이 있을 것이라는 말을 듣게 되었다. 고객 센터를 해외로 이전하고 감원에 들어간다는 것이다. 당장 이튿날 아침 내 강연을 듣게 되어 있는 사람들 중 절반이 6개월 이내에 직장에서 쫓겨날 판이었다. 나를 섭외한 담당자가 다소 초조해 보이는 것도 무리는 아니었다. 내가 준비해 간 강연은 아무 쓸모가 없게 되었다. 그날 밤 나는 강연 내용을 고쳐 쓰느라 무척 긴 밤을 보내야 했다.

이튿날 강당에 들어서자마자 청중들의 가라앉은 분위기가 감지되었지만 나는 그들의 상황에 딱 맞는 강연을 준비했다. 주제를 바꿔서 팀워크 대신 역경을 이기고 새로운 기회를 포착하라는 메시지를 전한 것이다. 강연이 끝날 즈음 청중들의 얼굴은 다시 밝아졌고 강당에서는 그날 내내 후끈한 열기가 가시지 않았다. 주최 측은 그제야 안도하며 기쁨을 표했다.

침묵은 금이다

우리는 지금 의사소통을 주제로 의사소통을 잘하는 방법과 그러기 위해 하지 말아야 할 것들을 살펴보고 있다. 하지만 가끔은 어설프게 몇 마디를 하느니 입을 다무는 편이 나을 때가 있다. 의외로 들리겠지만 침묵은 매우 강력한 의사소통 도구가 될 수 있다. 어떤 말을 하고 잠시 침묵한다면 당신의 생각이 매우 단호하다는 신호로 읽히게 된다.

상대방이 대화에 완전히 집중할 때까지 잠자코 기다리는 방법도 있다. 내가 다녔던 학교에 이 방법에 정통한 선생님이 있었다. 선생님은 아이들이 모두 선생님을 주목할 때까지 교탁 앞에서 아무 말 없이 기다리곤 했다.

협상을 할 때도 침묵은 매우 효과적인 도구다. 침묵은 대다수의 사람들을 불편하게 한다. 이들은 어색한 침묵을 견디지 못하고 먼저 두 손을 들어 버린다. 전화로 어떤 제품이나 서비스의 가격을 흥정할 일이 있다면 원하는 가격을 부르고 잠시 잠자코 있어 보라. 의외의 좋은 결과가 있을 것이다.

강약을 조절하라

역사상 가장 유명한 연설은 1963년 8월 28일 워싱턴 DC의 링컨 기념관 앞에서 많은 사람들을 감동시킨 마틴 루서 킹 목사의 연설일 것이다. 40여 년이 지난 지금까지도 수많은 사람들이 명연설의 모범으로 꼽으며 몇몇 유명한 구절들을 줄줄 외우기까지 하니 말이다.

이 연설이 이렇게 전설처럼 회자되는 이유는 무엇일까? 16분 10초나 되는 그 연설에는 사람들을 감동시키는 강약과 리듬이 있다. 킹 목사는 인상적인 말 몇 마디로 사람들의 관심을 붙잡아 두려 하지 않았다. 대신 그는 사람들을 그 유명한 두 구절에서 절정에 달하는 여행으로 안내했다. 연설의 첫 절정은 전체의 4분의 3 정도가 지났을 때 등장한다.

"오늘 저에게는 꿈이 있습니다! 언젠가 저 앨라배마 주에서 흑인 소년 소녀들과 백인 소년 소녀들이 한 형제자매처럼 손에 손을 잡는 꿈입니다."

마지막으로 킹 목사는 다음과 같이 연설을 맺으며 천둥 같은 반향을 남긴다.

"드디어 자유! 드디어 자유! 전능하신 신이여, 우리가 마침내 자유로워졌나이다!"

15분 이상 이야기를 할 때는 반드시 강약이 있어야 한다. 프레젠테이션을 준비하고 있다면 처음 몇 분 만에 청중들을 감동시키고

140

그 여운을 지속시키려 하지 마라. 청중들은 그리 오래 집중하지 못한다. 마무리가 아무리 훌륭하다 해도 일정 비율의 청중은 이탈하게 되어 있다. 몇 번 밀고 당기기를 하다가 강력하게 마무리하는 편이 낫다.

신체 언어와 제스처를 이용하라

말하는 사람이 전혀 제스처를 사용하지 않는다고 생각해 보자. 얼마나 지루하고 딱딱하고 무미건조하겠는가? 앞에 앉은 상대방이 떡하니 팔짱을 끼고 당신과 이야기하고 있다면 어떤 기분이 들겠는가? 적절한 제스처는 활기를 불어넣으며 사람들의 관심을 보다 수월하게 이끌어 낸다. 회의나 토론 자리에서 몸을 살짝 앞으로 기울이고 있으면 가까이하기 쉽고 수용적이며 우호적인 사람이라는 느낌을 준다. 마찬가지로 다른 사람의 말을 경청할 때 잘 듣고 있다는 표시로 가끔씩 고개를 끄덕여 주면 이야기하는 사람에게 큰 격려가 된다.

신체 언어를 적절히 사용하는 것 외에 '편안한 대화를 위한 상대방과의 거리'를 지키는 것도 중요하다. 사람의 신체 주변에는 다른 사람이 침범하면 불편을 느끼는 경계가 있는데, 이를 '개인적 공간'이라고 부른다. 이 개인적 공간의 크기는 개인차가 있고 각자가 처한 사회적 맥락, 즉 상대방의 지위와 자신의 처지에 따라 늘어나거나 줄어든다. 상대방이 계속 당신의 눈을 피하거나 뒷걸음질을

친다면 당신이 너무 바싹 다가갔다는 신호일지 모른다. 만약 그렇다면 소통의 효과는 반감된다.

눈맞춤을 하라

전 세계 여러 문화권에서 눈은 '마음의 창'이라 불린다. 눈을 보면 저 사람이 초조해하고 있는지 또는 나쁜 마음을 먹고 있지는 않은지 금방 알 수 있다. 정보를 교환할 때 우리가 하는 말의 영향력과 해석은 눈 깜빡임, 시선, 속눈썹의 떨림, 바닥을 보느냐 똑바로 응시하느냐에 따라 크게 달라진다. 우리는 눈을 통해 신뢰, 자신감, 놀라움, 실망 등의 감정들을 읽어 낸다.

강연을 할 때 나는 가능한 한 많은 사람과 눈을 맞추려고 노력한다. 50명 정도의 작은 규모라면 평균 45분 정도의 강연 시간 동안 청중 하나하나와 눈을 맞출 시간은 충분하다. 청중들과 눈을 맞추어야 친밀감과 연대감이 생긴다.

쉽게 말하라

전문 용어는 꼭 필요할 때만 사용하는 것이 좋다. 어떤 수영 선수의 경기를 다음과 같이 설명한다고 해 보자.

"다음 단계로 이행하는 페이스가 좋았고, 신속히 스트로크 동작으로 들어가며 좌우 양측 호흡을 했습니다. 후반 가속형 훈련을 해

왔기 때문에 네거티브 스플릿으로 55플랫 PB를 기록한 것도 전혀 놀랍지 않습니다."

무슨 말인지 이해가 되는가? 수영 선수가 아니라면 쉽지 않다. 대신 이렇게 말해 보자.

"입수 후 순조롭게 떠올라 신속히 수영 동작에 들어갔고, 3회 스트로크마다 호흡을 했습니다. 경주 후반에도 스피드를 유지하도록 훈련을 해 왔기 때문에 경기 전반보다 후반에 더 스피드를 내서 55초의 개인 최고 기록을 세운 것도 전혀 놀랍지 않습니다."

의사소통을 할 때 전문 용어나 약어를 남발하면 청중들의 주의가 흩어지기 쉽다. 쉽게 말하라는 것은 청중들의 이해력에 맞는 방식으로 의사소통을 하라는 것이다.

피드백

지금까지 내가 받은 피드백 모두에 기꺼이 수궁했다고 말하면 새빨간 거짓말이거나 피드백 과정을 언제나 즐긴 척하는 셈이다.

수영 훈련을 받다가 가끔은 내 능력을 벗어난 일을 요구받을 때가 있다. 예를 들어 코치가 그날 훈련에 저산소 훈련이 포함되어 있다고 알려 줄 때마다 나는 속으로 움찔했다. 저산소 훈련이란 호흡과 호흡 사이 휘젓는 팔의 횟수를 하나씩 늘려 가다가 마침내 숨이 멎을 정도가 되면 다시 횟수를 하나씩 줄이는 훈련이다. 이 훈련이 끝나면 점점 속도를 높여 달리는 왕복 오래달리기나 자동차 뒷좌석에 아이들 셋을 태우고 장거리 운전을 하고 난 후처럼 완전히 탈진해 버린다. 머리로는 이 순간이 지나면 좋은 결과가 있으리라는 것을 알지만, 아니 제발 그러기를 빌지만 당장은 견디기가 어렵다.

저산소 훈련을 할 때 나는 보통 어떤 피드백을 받았을까? 그보다 직설적이고 무자비할 수는 없었다. "6년 전에 돌아가신 우리 할머니도 너보다는 잘하겠다." 코치가 즐겨 하던 말이었다. 그러나 발끈해서 대들어 봐야 소용없다. 특히 그 코치가 당신이 인정하는 유능한 코치인 경우에는. 어떻게 보면 그 상황 덕분에 나는 피드백 과정을 잘 참고 견딜 수 있었다. 보통 코치에게 대들 기운도 없이 기진맥진하여 헐떡거리고 있었기에 성급히 결론짓거나 변명을 시작하기 전에 억지로라도 코치의 말을 듣게 되었던 것이다.

코치는 내가 최선을 다하고 있음을 알았으리라고 생각한다. 비록 아주 힘겨운 과정이기는 했지만 나도 그가 나를 최고로 만들기 위해 더욱 채찍질하는 것임을 잘 알고 있었다.

운동선수에게 피드백을 주고받는 과정은 반드시 필요하다. 운동선수들은 피드백을 받아들이는 법을 배운다. 잘못을 지적당하는 게 좋은 사람은 아무도 없다. 비판이나 지시를 잘 못 받아들이는 선수들에게는 더욱 견디기 힘든 일이다. 그러나 선수들은 그것에 익숙해져야 한다. 그러지 않으면 발전은 불가능하기 때문이다.

스포츠의 세계를 벗어나면 사정이 조금 다르다. 매일의 일상에서, 직장에서나 가정에서 피드백이 꼭 필요한 것은 스포츠와 마찬가지다. 문제는 대다수 사람들이 피드백을 주는 훈련이 되어 있지 않고 피드백을 받는 것에도 익숙하지 않다는 사실이다. 일부 기업에서 직원들끼리 긍정적인 피드백을 주고받는 사내 문화를 정착시키려는 노력을 하고 있지만 소수에 그친다. 보통 사람들은 피드백을 주고받는 법을 잘 모르는 것이다.

예전에 발표력 향상을 위한 훈련 과정을 들은 적이 있다. 참가자들은 각자 주제를 골라서 5분짜리 프레젠테이션을 준비했고 뒤이어 다른 참가자들에게서 피드백을 받는 시간이 있었다. 피드백을 주는 사람도 받는 사람도 마지못해 하는 분위기가 역력한 불편한 시간이었다. 다수의 참가자들이 상대방의 기분을 상하지 않게 하려고 내놓은 미적지근하고 막연한 피드백에 발표자의 능력을 냉정히 평가하거나 보완해야 할 점을 날카롭게 지적하는 부분 따위는 전혀 없었다. 아주 드물게 건설적인 비판을 하는 사람이 있었지만 발표 자들은 자기 행동을 변명만 하고 있었다. 결과적으로 모든 참가자 들은 자신의 발표력이 매우 훌륭하다고 생각하며 그 과정을 졸업했 지만, 그들을 기다린 것은 냉정한 현실뿐이었다.

피드백을 주고받을 때 지켜야 할 10가지

● 피드백을 줄 때

◆ 계획적인가?

피드백을 받으려는 사람이 이미 앞에 있는데 그제야 자료를 넘기거나 할 말을 만들어 내려고 하면 피드백의 가치가 떨어진다. 피드백을 줄 때는 할 말을 깊이 고민했고 결코 즉흥적으로 하는 말이 아니라는 인상을 주어야 한다. 주어진 시간이 얼마 없더라도 항상 말하기 전에 머릿속으로 할 말을 정리해 놓아라.

◆ 건설적인가?

발전에 도움이 안 되는 부정적인 이야기는 하나마나이다. 피드백을 하는 목적은 상대방이 변화하도록 동기를 부여하기 위해서지 사기를 꺾어 포기 하게 만들기 위해서가 아니다. 부득이하게 부정적인 말을 해야 할 때는 반 드시 해결책을 함께 제시해야 한다. 예를 들어 "프레젠테이션 태도가 그게 뭡니까" 하고 질책하기보다는 "좀 더 자신감을 가지고 사람들과 눈을 맞추 며 발표를 한다면 청중들이 주목하지 않을까요?"라고 건설적으로 말하는 편이 훨씬 낫다.

◆ 인신공격을 하고 있지는 않은가?

피드백은 개개인에게 하는 것이지만 그렇다고 개인의 신상에 관한 일을 비난해서는 안 된다. 개인적인 문제들을 지적하고 싶다면 항상 남들이 없는 자리에서 돌려서 말하라. 예컨대 머리모양이 이상하다고 직설적으로 말하지 말고 외양이 바뀌면 상황도 바뀐다는 점을 지적하라는 뜻이다. 단도직입적으로 말하는 것은 이런 방법이 통하지 않을 때 쓰는 최후의 방법이다.

◆ 너무 많은 것을 한꺼번에 지적하지는 않는가?

사람은 한꺼번에 그렇게 많은 정보를 처리하지 못한다. 기본적으로 지적하는 부분은 다섯 가지에서 아홉 가지 사이가 적당하다. 몇 가지 중요한 문제들에 집중하라.

수영을 가르칠 때 나는 한 번에 하나씩만 고친다. 학생에게 몇 분 동안 한 가지 문제를 집중해서 설명하고 새로 배운 기술을 시험해 보게 하고 나서야 다음 문제로 넘어간다. 그날의 수영 훈련 동안 결코 다섯 가지 이상을 한꺼번에 지적한 적이 없으며 한두 가지에 집중하는 경우도 있다. 여러 가지를 다 고치지 못하는 것보다는 하나라도 확실히 고치는 편이 낫지 않을까?

◆ 공격적이지는 않은가?

공격적인 피드백은 좋은 반응을 얻지 못한다. 사람들은 그런 피드백에 귀를 닫고 앙갚음을 할 생각을 하거나 변명할 방법을 궁리한다. 선수 시절에 나는 몇 분만 이야기를 나누어 보면 공격적인 성향의 코치와 그렇지 않은 코치를 대부분 구분할 수 있었다. 주특기가 소리 지르는 것밖에 없는 코치라면 나와는 궁합이 맞지 않았다.

당연히 상대방이 나의 피드백을 알아들었으리라 생각하지 마라. 내가 하고
자 했던 말이 상대방의 행동에 반영되었는가? 반영되지 않았다면 그것은
상대방의 잘못이 아니다. 단지 소통이 이루어지지 않았을 뿐이다. 옆에서
"글쎄요, 내가 분명히 말했는데도 계속 저러고 있네요"라고 말하기는 너무
쉽다. 이 말에 감추어진 의미는 상대방이 당신의 말을 듣기는 했지만 그
말을 수긍하게 만드는 데는 실패했다는 뜻이다. 실패하는 이유는 많다. 그
중에 무엇이 이유인지는 직접 찾아야 한다. 어쩌면 상대방은 당신의 의견
을 최우선으로 생각하지 않을지도 모른다. 당신의 지적을 수긍했지만 급
하지 않은 일이라고 생각할지도 모른다. 단순히 당신의 의견에 동의하지
않는 것일 가능성도 있다. 그럴 때는 여러 가지 다른 방법을 동원하여 재
차 피드백을 전달해야 한다. 그들의 행동이 변화할 때까지 말이다.

● 피드백을 받을 때

◆ 중간에 가로막지 마라.

피드백 중간에 말을 가로막게 되면 당신을 발전시켜 줄 귀중한 이야기를
듣지 못하게 될지도 모른다. 당신이 끼어드는 바람에 상대방이 준비한 피
드백을 듣지 못하고 반사적인 반응만을 얻었다면 누구 손해이겠는가? 과
거에 나도 피드백을 듣는 중에 무심코 끼어들었다가 상대방의 흐름을 끊어
버린 적이 있다. 자리를 뜨면서도 무언가 중요한 이야기를 놓친 기분을 떨
칠 수 없었다.

◆ 일단 들어라.

앞서도 말했지만 상대방이 준비한 이야기를 다할 때까지 일단 끝까지 들어라. 이 말의 의미는 피드백을 들으면서 대꾸할 말을 궁리하거나 자기 행동을 변명하려 하지 말라는 뜻이다. 왜 상대방이 당신에게 그런 말을 했는지 그리고 당신의 행동을 어떻게 받아들이는지 이해하려고 노력하라. 수영 코치들의 피드백을 들을 때 나는 그들의 관점에서 보려고 노력했다. 결국 그들은 나만큼이나 나의 발전을 절실히 바라는 사람들이기 때문이다.

◆ 확인하라.

피드백 과정의 핵심은 '확인'하는 것이다. 자신이 받은 피드백을 완전히 이해했다고 생각되더라도 다시 한 번 확인하고 보충 설명을 들어라. 상대방의 의도를 잘못 해석하여 엉뚱한 행동을 하기가 쉽기 때문이다. 나와 함께 훈련했던 코치는 평소 매우 분명하고 구체적인 피드백을 주는 사람이었다. 그래도 그가 내 경기를 보고 스트로크 동작에 문제가 있다고 지적하면 나는 즉시 경기 내내 문제가 있었는지 아니면 막판 스퍼트에서 문제가 있었는지를 캐물었다. 그래야 피드백의 값어치가 더욱 올라가기 때문이다.

◆ 다시 확인하라. 확인하고 또 확인하라.

후속 조치의 중요성

선수나 코치나 스태프 들에게 훈련 프로그램에 관한 자료를 보내야 할 때가 있다. 연령 분포로 보면 젊은 기대주에서부터 고참 주전 선수들까지 다양하다.

대표 팀의 수석 코치인 나로서는 단체 메일로 보내고 모두 알아서 수신하고 읽고 이해하고 실행하겠거니 생각하면 편한 일이다. 그러나 이렇게 될 리가 없다는 것쯤은 누구나 금세 알게 된다. 단체 메일 하나 보냈다고 소통이 이루어지지는 않기 때문이다. 실효를 거두려면 개개인에 맞추어 자료를 제공하고 자료를 보낼 때는 회신을 요구하며, 혹시 단체 메일을 보냈다면 나중에 일일이 확인 전화를 하는 후속 조치를 취해야 한다.

사람들은 내가 수영 코치이기 때문에 내 첫 번째 임무가 수영을 가르치는 일이라고 생각한다. 그러나 수영을 가르치는 일은 두 번째 임무다. 내 첫 번째 임무이자 가장 중요한 임무는 사람들과 소통하는 것이다.

| 라스 허머, 영국 장애인 수영 대표 팀 수석 코치 |

피드백을 주고받는 문화

나는 피드백에 목말라 있었다. 선수 시절 코치들에게서 받았던 피드백이 아니었다면 나는 결코 수영 선수로서의 잠재력을 실현하지 못했을 것이다. 이제 목표는 내 비즈니스 고객들로부터 피드백을 받는 것인데, 결코 쉬운 일이 아니다. 비즈니스의 세계에서 피드백 문화는 아직 완전히 정착하지 못했다. 마이크를 스피커 가까이에 대면 소름끼치는 소리가 나는 것도 이 피드백의 원리 때문인데 어떤 사람들은 피드백을 듣는 것을 마치 이 소름끼치는 소리를 듣는 것만큼이나 싫어한다.

나는 항상 내 프레젠테이션에 참석한 사람들에게 가장 좋았던 점과 가장 유익하다고 느꼈던 점은 무엇인지 묻는다. 또 도움이 되지 않는다고 생각한 부분이 있다면 무엇인지도 묻는다.

피드백을 받고자 질문을 던질 때 다음을 고려하면 도움이 될 것이다.

◆ 가능하면 복수 응답이 가능한 개방형 질문을 던져라. 폐쇄형 질문에는 대답이 정해져 있다. 사람들로부터 최대한 당신의 프레젠테이션 능력과 태도를 향상시키는 데 도움이 되는 자세한 이야기를 끌어내야 한다.

◆ 효과가 있는 방법을 확실히 알면 필요할 때마다 몇 번이고 사용할 수 있다. 사람들에게 당신이 어떤 부분을 가장 잘했다고 생각하는지 물어보고 그 부분을 확실한 장점으로 삼아라. 때로는 자신이 단점으로 생각하는 부분이 고객이나 동료, 사장의 눈에는 장점으로 보일 수도 있다. 그들의 눈이 옳을지도 모른다.

◆ 프레젠테이션 능력과 태도에서 보완할 점은 무엇인지 물어 보아라. 사람들이 당신의 결점을 찾아 말하게끔 하라. 무신경한 말을 듣더라도 피드백을 적극적으로 수용한다는 원칙을 지켜라.

◆ 최종적으로 도움이 될 충고를 취사선택하라.

모든 피드백을 듣고 다시 확인까지 했으면 그 충고를 받아들일지 말지를 결정한다. 믿을 만한 사람이 충고했느냐, 충고 그 자체는 어떠하냐에 따라 결정이 달라진다. 그밖에도 결정에 영향을 미치는 요소들은 다양하다. 때로는 상반되는 피드백을 받기도 한다. 아테네 패럴림픽 참가를 2주 앞두고 두 명의 서로 다른 코치가 내 입수 동작에 상반되는 피드백을 내놓았다. 두 사람의 의도를 다시 한 번 확인하고 주의 깊게 생각해 본 후 나는 한쪽의 충고만 받아들였다. 다른 쪽 코치는 코치 경험이 적은 데다가, 그가 있던 위치에서는 내 입수 동작을 정확히 볼 수 없었기 때문이다.

평범한 사람들의 평범하지 않은 인생

1909년 캐나다 유콘 지역의 셀커크 교구 주교였던 아이작 스트링어는 동료 선교사와 가이드와 함께 산맥을 횡단하는 여행을 떠났다. 스트링어는 에스키모를 선교하러 떠나 수년간 그들과 함께 살았기에 이런 여행에는 단련이 되어 있었다. 그러나 이번에는 시작부터 순탄치 않았다. 가이드가 병에 걸리자 스트링어와 동료는 더 이상 전진하지 못하고 지금까지 가이드의 안내로 따라왔던 길을 도로 되짚어 나가야 했다.

그들은 곧 길을 잃었다. 식량이 떨어졌고 혹독한 겨울 날씨 때문에 숲에서 음식을 구하기도 거의 불가능해졌다. 그들은 곧 남은 시리얼 부스러기와 다람쥐를 잡아먹으며 연명했다. 그것마저 다 떨어지자 수완이 남달랐던 스트링어는 더 기발한 먹을거리를 찾았다. 그와 동료는 모닥불을 피웠다. 그리고 자신들의 물개 가죽 부츠를 벗어 7시간 동안 푹 끓인 뒤 구워 먹었다. 1909년 10월 21일 목요일, 스트링어는 일기에 다음과 같이 썼다. "아침으로 물개 가죽 부츠의 밑창과 윗부분을 끓인 뒤 구워 먹었다. 밑창이 윗부분보다 먹기 나았다. 베이컨 부스러기와 가방에서 긁어 모은 밀가루 한 줌으로 수프를 끓였다. 우리가 가진 마지막 식량이었다. 우리는 탈진했고 손바닥은 다 벗겨져서 짐을 싸는데도 무척 오랜 시간이 걸렸다." 스트링어와 동료는 필 강을 따라 비틀거리며 걷다가 곧 인가를 발견했고 구사일생으로 목숨을 건질 수 있었다.

7

★

스트레스에 휘둘리지 마라

★

쓰라린 역경이여, 내 너를 기꺼이 맞아들이노라.
현명한 자들이 이르듯 피하지 않고
마주함이 가장 현명한 길이로다.

| 윌리엄 셰익스피어, 영국의 극작가 |

★

인생의 가장 큰 영광은 넘어지지 않는 데 있는 게 아니라
넘어질 때마다 일어서는 데 있다.

| 넬슨 만델라, 노벨 평화상 수상자 |

만사가 꼬일 때

2000년 아버지가 갑자기 뇌졸중으로 돌아가셨다. 이틀 후 나는 패럴림픽 대회에 참가하러 시드니행 비행기를 타기로 되어 있었다. 나는 영국 패럴림픽 위원회에 연락해 비행기를 타지 못할 것 같다고 전했다. 갑자기 지난 4년간 이 대회를 준비하느라 보낸 세월이 무색할 정도로 시드니 패럴림픽에 참가하고 싶었던 열망이 사그라졌다. 어머니와 형 곁에 남고 싶었다. 그러나 장례식 날이 다가오자 아버지라면 내가 경기를 포기하는 것을 절대 원치 않으셨을 거라는 생각이 들었다. 하늘에 계신 아버지를 슬프게 하고 싶지 않았다. 그래서 나는 영국 패럴림픽 위원회에 다시 연락해 며칠 늦게라도 비행기 표를 예약해 달라고 부탁했다.

그 주초에 장례 지도사를 만나서는 아버지가 항상 끼고 계시던 반지를 빼 달라고 부탁했다. 아버지의 스물한 살 생일에 어머니가 선물하신 단순한 링 반지였다. 결혼반지는 이미 몇 년 전 결혼 선물로 형에게 물려주었기 때문에 그 반지는 아버지가 지닌 유일한 귀금속이었다. 아버지를 모신 관이 화장터 앞에 놓였을 때 관을 운반하던 사람 중 하나가 다가와 반지를 건네주었다. '영원하신 구세주, 강한 팔로 우리를 구원하셨네'를 부르면서 아버지의 반지를 손바닥 위에 놓고 굴리고 또 굴려 보았다. '하나님의 크신 사랑'을 부를 때까지도 나는 계속 그러고 있었다.

장례식이 끝나고 아버지의 친구 분들이 내게로 와서 말했다.

"아버지를 위해 금메달을 따서 돌아오너라. 불쌍한 네 아버지를 위해 말이다."

금메달을 따기가 그분들 말처럼 쉬웠다면 누구나 금메달을 땄으리라. 그분들은 아마 달리 할 말을 찾지 못해 그런 말을 하셨을 것이다. 아버지 이야기를 꺼내는 것보다는 수영 이야기를 하는 쪽이 덜 가슴 아프니까.

아버지가 돌아가셨다는 사실이 믿기지 않았다. 언제나 내 곁에 계시던 아버지가 그렇게 갑자기 떠나셨다는 사실이. 유일한 위안은 아버지와 나 사이에 말 못한 비밀은 하나도 없다는 사실이었다.

뒤로 넘어져도 코가 깨진다

아무리 열심히 노력해도 안 풀릴 때가 있다. 본인의 탓이건 다른 사람의 탓이건 예기치 못한 사고 탓이건 꼭 무슨 일인가가 일어나 발목을 잡는다.

사건 그 자체와 겉으로 드러난 중요도만 보아서는 그것이 어떤 결과를 가져올지 예측하기 힘들다. 스코틀랜드의 스키 선수 얼레인 백스터는 코감기 때문에 빅스 흡입형 멘톨 스틱을 사용하면서, 설마 그것 때문에 2002년 솔트레이크 시티 동계 올림픽 동메달을 뺏기게 될 줄은 꿈에도 몰랐을 것이다. 백스터는 남자 슬랄롬 스키에서의 회전 경기에서 동메달을 땄는데, 경기 전 막힌 코 때문에 흡입한 빅스 제품에 금지된 물질이 포함되었음이 밝혀져 메달을 박탈당했다.

2003년 1월 콜롬비아호 우주선이 발사되었을 때 연료 탱크에서 단열 발포재 조각이 떨어져 나왔다. 가로 46센티미터, 세로 69센티미터에 무게 900그램 정도의 조각이었다. 이 발포재 조각이 간접적으로 7명의 우주 비행사들을 죽음으로 내몬 원인이 되었다. 이 사고로 NASA의 우주 프로그램은 2년 동안이나 제자리걸음을 했고 결함을 고치는 데 14억 달러가 들었다.

얼레인 백스터와 NASA에 닥친 재난은 아주 치명적이었다. 그러나 일상의 대수롭지 않은 재난들도 당신의 성과에 큰 악영향을 미칠 수 있다.

어느 날 아침 당신은 평소와 마찬가지로 일어나 출근 준비를 한다. 마침 시리얼이 다 떨어졌다. 간발의 차이로 기차를 놓쳤는데 다음 기차는 취소되었다. 간신히 기차를 탔는데 자리가 없다. 지각해서 출근해 보니 부하 직원은 아프다고 병가를 냈다. 확인해야 할 이메일이 150통이나 쌓여 있다. 점심 약속은 취소되었는데 약속 장소에 도착하고 나서야 그 사실을 알았다. 예고도 없이 퇴근 시간이 다 되어서 시작한 회의 때문에 늘 같은 시간에 타던 기차를 놓쳤다. 다음 기차는 제시간에 오긴 했는데 취소된 점심 약속 장소였던 레스토랑에 신용 카드를 두고 온데다가 수중에 현금은 한 푼도 없고, 설상가상으로 휴대전화까지 고장난데다가 공중전화는 먹통이다. '아차, 오늘 집에 손님들이 온다고 했는데.' 당신은 어쩔 수 없이 집까지 터벅터벅 걸어간다. 마침 비까지 내린다. 집에 도착했더니 아내가 문을 열어 주는데 당신이 오기만을 기다리던 손님들이 저녁을 먹고 막 집에 가려고 일어서는 참이다. 아내의 얼굴을 보니 오늘 밤 심상치 않은 일이 일어날 듯하다.

이런 일들이 단 하루 만에 일어났다니 신기하지 않은가? 하지만 분명 남 얘기 같지 않은 사람들이 있을 것이다. 이렇게 재난이 꼬리를 무는 날에 어떻게 반응하느냐가 당신의 성과에 큰 영향을 미친다. 천성적으로 회복이 빠르고 낙관적이며 미래 지향적이인 사람들은 재난을 직시하고 대처할 방법을 찾아 앞으로 나아간다. 하지만 보통 사람들은 어떤 지점에 막혀 더 나아가지 못한다. 현실을 부정하고 회피하고 숨어 버리는 것이다.

재난에 잘 대처하는 법도 배울 수 있을까? 물론이다. 원인을 조금이나마 이해하고, 반복되는 행동 패턴들을 찾고, 또 보다 포괄적으로는 스트레스에 대처하는 법을 배우는 길도 있다.

사소한 일이든 심각한 일이든 예측하지 못한 상황에 부딪치면 스트레스가 발생한다. 때로는 좋은 사건도 스트레스의 원인이 된다. 어느 쪽이든 스트레스를 다루는 법은 꼭 배워야 할 중요한 기술이다. 내가 하루아침에 암 선고를 받은 날처럼 갑자기 재난이 닥치면 누구나 당황하고 우왕좌왕한다. 그러나 그 다음이 중요하다. 당신도 나처럼 스트레스의 징후를 감지하고 그것에 맞서 싸우는 법을 배울 수 있다.

되새김질은 해롭다

남성과 여성은 세상을 인식하는 방식과 재난에 대처하는 방식에서 차이를 보인다. 여성은 남성보다 비관적인 경향이 있다. 국제 여론 조사 기관인 '갤럽 인터내셔널 보이스 오브 더 피플'이 세계 50여 개국 43,000명을 대상으로 여론 조사를 실시한 결과에 따르면, 여성은 자국의 안보, 경제적 전망, 자기 가정의 경제적 번영 등에 대해 남성보다 비관적인 답변을 내놓았다. 여성들은 또한 걱정도 더 많고 재난에서 회복되는 데도 시간이 더 걸리는 경향이 있다.

여성의 우울증을 연구하고 있는 예일 대학교 심리학과 교수 놀렌 혹스머는 여성이 남성보다 '반추rumination'하는 사고 습관을 가지는 경향이 더 크다는 사실을 밝혔다. 반추는 잘못된 일의 원인과 결과를 되풀이 생각함으로써 고통에 반응하는 경향으로 실제적인 문제 해결에 들어가거나 행동에 옮기지 않는 것이 특징이다. 반추하는 습관이 있는 사람들은 장기적으로 심각한 우울증을 앓기 쉽다. 이들은 또한 강박적이고 도피적인 방식으로 행동하는 경향이 있어서 폭음이나 폭식에 의지하기도 한다. 또한 반추하는 습관은 부정적인 생각을 극대화시켜 바람직한 문제 해결을 가로막는다. 놀렌 혹스머에 따르면 우리 모두는 가끔 어느 정도씩 반추를 한다. 다만 대개는 곧 그 생각에서 벗어나지만 어떤 이들은 그러지 못한다는 차이점이 있다. 한 번 시작한 생각은 꼬리에 꼬리를 물며 고민의 수렁으로 빠진다. 되새김질할수록 더욱 깊이 빠져 들어가는 것이다. 놀렌 혹스머의 연구는 힘든 상황과 마주쳤을 때 "여자는 생각에 잠기고 남자는 술을 마신다"는 속설을 입증한 셈이다.

스트레스의 정체

스트레스는 내적인 또는 외적인 요인들로 인해 우리 몸의 정상적인 상태가 무너졌을 때 발생하는 반응들을 말한다.

우리 몸이 유지하는 동적 평형 상태를 항상성homeostasis이라고 부른다. 내적이거나 외적인 요인들로 이 평형이 깨지면 우리 몸은 평형을 유지하기 위해 조정과 적응을 한다. 하지만 정상적인 반응들로는 평형을 회복하기 어려울 때가 있다. 그럴 경우 스트레스 반응이 작동하기 시작한다. 흔히 '투쟁 도주 반응fight or flight, 사람의 뇌가 갑작스러운 위험 요인을 발견했을 때 본능적으로 도망치거나 싸우는 것 중 하나를 선택하는 반응'으로 불리는 본격적인 스트레스 반응은 매우 중요한 메커니즘이다. 위험에 대처하는 능력을 높여 인간의 생존 가능성을 높이기 때문이다. 스트레스 반응은 강도의 출현과 같은 갑작스러운 위협에 대처할 때 도움이 된다. 이 스트레스 반응은 비상사태 경보를 몸에 울려 최대한 빨리 도망칠 수 있는 육체의 힘을 순간 집중시킬 수 있게 한다.

1920년대에 오스트리아 출신 캐나다 의학자 한스 셀리에는 스트레스가 원인이 되어 일어나는 신체적·생리적 반응들을 '일반 적응 증후군'이라 명명하고 이것을 저항기, 적응기, 탈진기의 3단계로 나누었다. 스트레스의 정도에 따라 우리 몸은 그에 저항하거나 적응하고, 그 상태가 오래되면 신체 저항력이나 적응 에너지가 고갈되어 탈진, 사망에 이를 수도 있다.

이런 스트레스 양상은 강도를 만나거나 교통사고를 당하는 불의의 상황에서뿐만 아니라 일상에서도 무수하게 일어난다. 신체적인 욕구나 심리적인 욕구를 채울 자원이 충분하지 않을 때도 스트레스가 발생한다. 대출금을 갚을 돈이 없거나 직장에서 주어진 업무를 수행하는 데 필요한 지식과 기술을 갖추지 못했을 때 스트레스가 발생하는 것이다. 하루에도 몇 번씩 겪게 되는 스트레스에 그때마다 저항과 적응을 반복하다 보면 우리는 쉽게 탈진기로 향할 수밖에 없다. 그래서 스트레스를 어떻게 다루고 극복하느냐는 중요한 문제이다.

스트레스의 징후들

스트레스는 인간의 신체와 심리, 감정과 행동에 부정적인 영향을 미친다. 그렇기 때문에 스트레스의 원인을 빨리 감지해서 대처하는 것이 중요하다. 스트레스의 징후들은 다양한 형태로 나타나는데, 신체적으로는 수면 장애, 생리 불순, 두통, 흉통, 가슴 두근거림, 급격한 체중 감소나 체중 증가, 피부 트러블, 궤양, 과민성 대장 증후군 등의 징후가 나타나고, 심리적으로는 부정적인 생각, 반추하는 습관, 우울증과 부정적인 자기 대화 등의 징후가 나타난다. 또한 행동적이고 감정적인 징후에는 조울증, 의욕 상실, 울화증, 죄의식,

162

조급함, 무기력증, 낮은 자존감, 집중력 저하, 불안과 초조, 나쁜 시간 관리, 섭식 장애, 폭음, 성욕 감퇴, 위축된 행동과 반사회적인 행동 등이 대표적이다.

스트레스 해소법

스트레스가 해롭다면 스트레스를 적게 받도록 노력해야 한다. 삶에서 스트레스를 완전히 추방하기는 어렵겠지만 충분히 노력할 가치는 있다.

스트레스에 대처하는 가장 좋은 방법은 외부 자극, 즉 스트레스를 유발하는 원인을 제거하는 것이다. 물리적으로 제거할 수도 있고 외부 자극을 처리하여 더 이상 스트레스의 원인이 되지 못하게 할 수도 있다.

스트레스의 모든 원인들이 쉽게 제거되지는 않는다. 세상만사가 어찌 내가 원하는 대로만 되겠는가. 자, 이웃집 음악 소리가 너무 커서 스트레스를 받고 있다. 먼저 스트레스를 처리하는 과정을 여러 단계로 쪼개 보자. 그리고 각각의 단계를 차례대로 시험해 보자. 이웃집에서 음악을 크게 틀면 먼저 이웃 사람을 만나 양쪽 모두 만족할 만한 해결책을 찾으려는 시도를 해야 한다. 합의에 이르는 데 실패했거나 아예 대화조차 할 분위기가 아니었다면, 다음 단계로는 얼마 동안 증거를 차곡차곡 모아 관할 경찰서에 신고하는 방법도 있다. 조금 야박하긴 해도 대화로 안 되는데 어쩔 수 없지 않은가. 마지막으로 일단 시작했으면 끝을 보아야 한다. 다른 상황도 마찬가지지만 특히 이러한 상황에서는 자기주장을 제대로 하는 것이 중요하다.

또한 어떤 것이 존재해서가 아니라 부재해서 생기는 스트레스도 있다. 사랑하는 사람이나 다른 무엇을 잃어버리는 경우가 그 예다. 이러한 경우에는 스트레스의 원인을 물리적으로 제거하기가 불가능하며 그렇다고 벗어나기도 힘들다. 따라서 당신은 심리적인 차원에서 스트레스에 대처해야 한다.

주도권을 가져라

때로 우리는 주도권을 가질 수 없다고 느끼는 상황에 있을 때 스트레스를 받는다. 평소 스스로 주도적인 삶을 살면 스트레스를 줄이는 데 도움이 된다.

시작은 간단하다. 예를 들어 문제를 생각할 때 스스로 시간제한을 두어 반추하는 습관을 없애 보자. 그 시간을 5분이라 한다면 5분이 지난 후에는 반드시 문제 해결 방법을 생각하고 그 계획을 행동에 옮기는 것이다. 이렇게 하면 언제까지나 문제의 원인과 결과 분석에만 매달리는 습관에서 벗어날 수 있다.

자기주장은 자기 삶에 주도권을 가질 수 있는 또 다른 방법이다. 자신의 관점을 남들에게 이해시키기 어렵고, 대립이 두렵거나 언쟁을 피하려고 문제를 제기하지 못하는 상황이라면 보다 적극적으로 자기주장을 하는 법을 배워야 한다.

164

자기주장은 자기의 의견을 당당하고 자신 있게 표현하는 일이다. 그러기 위해서는 강한 자존감을 가질 필요가 있다. 당신에게는 여느 사람 못지않게 스스로를 표현할 권리가 있다.

자기주장을 잘하는 사람이 되려면 다음을 할 줄 알아야 한다.

- 공격성 없이 의사소통을 할 수 있다.
- 단지 남의 마음에 들기 위해 찬성하거나 반대하지 않는다.
- 자기 권리를 지킬 수 있다.
- 자신의 입장을 변호할 수 있다.
- 갈등이 생기면 대처할 수 있다.
- 협상할 수 있다.

자기 권리를 지키지 못하고 의견을 표현하는 데 서툰 사람들은 타인과 소통할 때 수동적인 태도를 보인다. 또 이들은 냉소적이거나 쉽게 분노하거나 흔히 말수가 적다.

● 의사소통

의사소통의 중요성에 대해서는 앞에서도 이야기했지만 적극적으로 자기주장을 하고 싶은 사람에게는 능숙한 의사소통이 더욱 중요하다. 자기주장을 잘하기 위해서는 주어진 상황을 요약할 줄 알아야 하고, 다른 사람의 감정과 욕구에 귀 기울이는 것만큼이나 자신의 감정과 욕구를 표현할 줄 알아야 한다. 차분하고 정확하게 의사소통할 필요가 있다. 요점을 벗어나지 말고 애매한 부분은 다시 한 번 확인하며 타협할 수 있는 제2안과 3안을 준비해 두어라.

사태를 당신이 느끼고 생각하는 방식과 연관시켜야 한다. "제 생각에는" "제가 느끼기로는" "저는 문제를 이렇게 봅니다" "제 의견으로는" "저는 …… 하고 싶군요" "저는 …… 할 필요가 있다고 생각합니다"와 같은 표현들을 자주 사용하라. 다른 사람의 생각을 확인할 때도 마찬가지로 "제 생각에는 …… 한데 어떻게 생각하시나요?" "저는 …… 하게 느끼는데 그쪽은 어떠십니까?"와 같은 표현을 쓰도록 한다. "그건 잘못한 일입니다" "당신 책임입니다"와 같이 남을 비난하는 말은 하지 않는 게 좋다.

국제 사회에서 외교를 잘못하면 자칫 전쟁이 일어나기도 한다. 자기주장을 세우다가 상대방의 공격이나 폭력에 휘말릴 위험이 늘 잠재해 있다. 당신은 자기주장도 잘하고 의사소통 능력도 탁월할지 모른다. 그러나 당신이 상대하는 사람이 그렇지 않다면?

의사소통에 서툰 사람들 중 일부는 자존심을 지키기 위해 공격적으로 행동한다. 처음부터 이런 성향의 사람들을 분간해 내기도 어렵거니와 이런 위기 상황을 모면하는 것도 쉬운 일은 아니다. 따라서 대립 상황에서 진정으로 자신감을 가지려면 신체적인 공격으로부터 자신을 방어하는 법 한두 가지는 알고 있는 편이 좋다.

스트레스로부터 자신을 지키기

스트레스의 원인을 완벽히 제거하기가 불가능할 때는 가끔 물러나는 방법을 권한다. 스트레스를 받으면서도 어떤 일을 포기하지 못하고 반드시 이겨야 하는 전투처럼 매달릴 때가 있다. 특히 이웃이나 동료나 고용주 같은 다른 사람들과 힘겨루기를 할 때는 더욱 그렇다. 하지만 결국 자존심을 지키느냐 아니면 건강을 해치고 마음에 병이 들면서까지 그 싸움을 계속해야 하느냐 둘 중 하나를 결정해야 할 때가 온다.

스트레스의 원인을 제거하지 못하고 그렇다고 물러나지도 못하는 상황도 있다. 과중한 업무에서 오는 스트레스가 좋은 예다. 거의 불가능해 보이는 날짜까지 어마어마한 일을 처리해야 한다면? 조금이나마 상황을 호전시킬 여지는 있겠지만 완전히 벗어나기는 힘들다. 직장을 때려치우면 간단한 일이지만 부양할 가족이 있거나 갚아야 할 은행 빚이 있거나 양쪽 다라면 방법이 없다. 이렇게 외부적인 상황이 힘겹다면 생체 리듬을 바로잡아 안정된 심리 상태를 유지하는 게 도움이 된다. 규칙적인 운동과 올바른 식사, 충분한 수면을 통해 스트레스로부터 자신을 지키는 것이다.

● 규칙적인 운동

운동의 장점은 이미 과학적으로 입증되었다. 운동으로 인한 몸의 원활한 순환은 체력을 보강하고 정신을 맑게 하여 긍정적인 마인드를 형성하는 데 영향을 미친다. 그러나 '아무' 운동이나 해서는 안 된다. 아예 안 하느니 아무 운동이라도 하는 편이 낫다는 말은 사실이 아니다. 5년 동안 안락의자에만 앉아 있다가 갑자기 2주 뒤에 열리는 마라톤 대회에 참가하는 것은 좋은 생각이 아니라는 뜻이다.

운동으로 효과를 보려면 최대한 즐기면서 규칙적이고 계획적으로 해야 한다. 유산소 운동과 근력 운동을 적절히 섞는 것이 이상적이다. 오랫동안 운동을 하지 않았다면 단계적으로 운동량을 늘려 나가야 한다.

헬스클럽에서 울퉁불퉁한 근육을 과시하는 남성들은 반기지 않을 이야기지만 운동 효과를 보기 위해 꼭 땀을 뻘뻘 흘릴 필요는 없다. 예를 들어 목표가 마라톤 세계 기록 경신이 아니라 체중 유지나 감량이라면 그리 혹독하게 운동하지 않아도 된다. 초보자라면, 약간 숨이 차지만 옆 사람과 이야기를 할 수 있을 정도의 운동 강도가 적당하다. 1주일에 다섯 번 이상 20분에서 30분 정도씩 운동한다면 상당한 효과를 볼 수 있다.

운동을 하는 데 가장 큰 걸림돌은 아마 시간일 것이다. 규칙적으로 운동하려면 운동할 시간을 만들어야 한다. 하루 일과에 운동 시간을 정하라. 좋아하는 운동을 고르면 빼먹지 않고 더 부지런히 할 가능성이 높다. 운동 파트너가 있으면 더 좋다. 혼자서만 계속하다 보면 운동을 빼먹게 되기가 쉽다. 배드민턴이나 테니스처럼 파트너와 함께 하는 운동이라면 책임감 때문에라도 더 열심히 다니게 된다. 혼자 하든 여럿이 하든 꾸준히 운동을 하려면 동기 부여가 필요하다.(동기 부여에 관해서는 4장 참조) 운동을 규칙적으로 하고 싶으면 1주일에 서너 번 친구와 빨리 걷기를 하는 건 어떨까? 단 '걸으라'고 했지 춤을 추러 가서 '스텝을 밟으라'고는 하지 않았음을 명심하라.

● 올바른 식사

스트레스와 식사에는 몇 가지 연관성이 있다. 올바른 식사를 하면 건강해지고 스트레스에 대한 저항력이 생긴다. 하지만 스트레스 때문에 올바른 식사를 하지 못하는 일도 잦다. 스트레스 때문에 식욕이 사라지기도 하고, 스트레스를 풀기 위해 마구 먹어 대기도 한다. 또 그로 인한 체중의 변화는 또 다른 스트레스로 이어진다. 식사량은 필요한 열량에 따라 결정된다. 나의 경우 힘든 훈련 기간에는 하루 약 6,000칼로리를 섭취했지만, 성인 남녀의 1일 권장 칼로리가 2,000~2,500칼로리임을 감안했을 때 자신의 활동량을 참고해서 필요한 열량을 조절할 수 있다. 열량뿐 아니라 질적으로도 올바른 식사를 하는 것이 중요하다. 인스턴트 음식으로 필요한 열량을 채운다면 장기적으로 봤을 때 그것 역시 스트레스를 가져오는 원인이 될 수 있다.

● 충분한 수면

적절한 수면을 취하는 것이 건강의 필수 요소임을 보여 주는 연구들이 많다. 잠이 모자라면 갖가지 질병에 걸릴 위험이 높아진다. 지금까지 밝혀진 사실만 보자면 수면 부족은 심장병의 위험을 높이고 수명을 단축시키며 당뇨병, 편집증, 비만, 고혈압의 원인이 된다. 장기간 수면을 박탈하면 환각 증상까지도 나타난다. 또 수면이 부족하면 직장에서 졸거나 졸음운전을 할 가능성이 커진다. 미국 고속도로 교통 안전국NHTSA이 조사한 바에 따르면 운전자의 피로 때문에 미국에서 매년 10만 건의 자동차 사고가 일어나며 1,500명이 목숨을 잃는다. 수면을 완전히 박탈하면 그 결과는 끔찍하다. 수면을 박탈한 실험용 쥐는 3주 만에 죽어 버린다.

다행히 수면이 부족해도 벌충이 가능하다. 수면이 부족하다는 것은 은행에서 대출을 한 것과 같다. 아마도 주말이 되겠지만 얼마 후 잠을 예금하면 다시 흑자로 돌아간다. 은행과 달리 못 잔 만큼의 시간을 고스란히 잠에 바칠 필요도 없다. 연구에 따르면 부족한 잠의 단 30퍼센트 정도만 벌충해도 충분하다고 한다. 하지만 나중에 몰아서 자기보다 평소 충분한 수면을 취하는 것이 우선이다.

충분한 수면 시간은 과연 몇 시간일까? 영국 속담에 "남자는 6시간, 여자는 7시간, 바보는 8시간 잔다"는 말이 있다. 수면을 연구하는 미국 과학자들의 의견에 따르면 우리는 바보가 되는 편이 낫다. 그들은 성인에게 하룻밤 평균 7시간에서 8시간의 잠이 필요하다고 추정한다. 영국 러프버러 대학교 수면 연구 센터는 약간 더 신중하게 그 숫자를 6시간 이상으로 보았다. 나의 경우 며칠은 6시간만 자고도 버티지만 좋은 몸 상태를 회복하려면 그 후 하루나 이틀은 8시간 동안 푹 자야 한다.

혹시 밤에 잠을 잘 이루지 못하는가? 그렇다면 같은 처지로 고생하는 사람들이 많다는 사실이 위로가 될지 모르겠다. 매년 4,000만 명의 미국인들이 만성적인 수면 장애로 고통 받고 있으며 그밖에도 2,000만 명이 넘는 미국인이 간헐적으로 수면과 관련된 문제를 겪고 있다. 영국에서는 전체 인구의 2퍼센트, 약 30만 명이 수면 무호흡증 환자다. 잠자는 동안 일시적으로 기도가 막혀 호흡이 멎는 증세인 수면 무호흡증 환자는 숙면을 취하지 못하고 몇 번씩 뒤척이게 된다. 그럼 숙면을 취하려면 어떻게 하면 될까? 러프버러 대학교 수면 연구 센터에서는 다음과 같은 지침을 발표하였다.

◆ - 밤에는 카페인을 섭취하지 않는다.
◆ - 취침 전 긴장을 푸는 일련의 활동으로 잠잘 준비를 한다.
◆ - 자기 전에 텔레비전을 시청하거나 라디오를 듣는 등 자극이 되는 일을 삼간다.
◆ - 잠이 잘 오지 않으면 일어나 다림질 같은 자극적이지 않은 소일거리로 주의를 분산시킨 뒤 졸리면 다시 잠을 청한다.
◆ - 시계를 보지 마라.
◆ - 매일 아침 같은 시간에 기상하라. 생체 시계가 정상적으로 작동하게 해 준다.

심신 이완 요법은 숙면을 돕고 스트레스를 해소한다. 내가 애틀랜타 패럴림픽에 참가하기 전에 사용했던 시각화 요법은 심신의 안정과 숙면에 도움이 되었다. 시각화 요법은 일종의 명상과 비슷한 요법으로 뒤척임 없이 바로 깊은 잠에 들게 한다. 청소년 시절 화학 요법 치료를 받던 때에도 나는 비슷한 방법을 썼다. 그때는 특히 스트레스가 많았기 때문에 머릿속으로 이 치료가 다 끝나면 할 일들을 상상하곤 했다. 친구들과 어울려 수영하고 스키를 타고 즐겁게 보낼 시간들을. 이런 방법들을 통해 마음이 편해졌고 잘 자고 잘 쉬며 이 시기를 최대한 고통 없이 보낼 수 있었다. 힘들 때 도움을 주는 이런 요법들은 10장에서 더 자세히 소개하도록 하겠다.

사회 활동

사람들은 흔히 스트레스를 받으면 자기 안에 틀어박혀 가족들과 소원해지고 사회 생활에도 소극적이 된다. 하지만 오히려 사회적 접촉을 늘리면 스트레스를 줄이는 데 도움이 되기도 한다.

취미 생활이나 기타 일과 연관되지 않은 활동도 스트레스 해소에 좋다. 아직 없다면 하나쯤 가져 볼 만하다. 나의 경우 암벽 등반을 하는 그 순간만큼은 일과 관련된 스트레스에서 벗어날 수 있다. 물론 절벽에서 떨어질지 모른다는 스트레스가 남아 있지만 말이다. 낚시가 취미인 친구도 있다. 늘 "아깝게 월척을 놓쳤다"고 주장하지만 실력은 별 볼일 없다. 그 친구가 낚시를 하는 이유도 물고기를 많이 잡기 위해서가 아니라 일과 세상의 걱정거리를 잊기 위해서인 셈이다. 쇼핑을 통해 스트레스를 푸는 '쇼핑 요법'도 권장한다. 단 경제적 능력이 된다면. 그리고 이 방법이 또 다른 스트레스의 원인이 되지 않는다면.

스트레스에 대처하기

암에 걸린 어린아이와 청소년들을 치료하다 보면 스트레스를 받는 일이 많이 생긴다. 그러나 점점 그 아이들을 이해하게 되고 병원 밖에서는 무슨 일을 하고 싶어 하는지 또 무엇을 좋아하는지 등을 알게 되면서 아이들을 상대하는 일이 쉬워졌다. 예전에는 병을 치료하는 데만 관심을 가졌다면 지금은 아이들 자체에 관심을 가지려고 한다. 특히 아이들이 내게 농담을 하고 그림을 그려 주고 그날 있었던 일들을 이야기해 줄 때 나뿐만 아니라 그 아이들에게도 기분 전환이 된다.

1970년대 초의 병원 사정을 돌이켜 보는 일도 스트레스 해소에 도움이 된다. 치료 후 결과가 좋지 않을 때가 많았던 당시와 비교하면 특히 증상을 더 잘 통제할 수 있게 된 지금은 사정이 훨씬 나아졌다. 아무리 바빠도 1년에 한 번은 일과 전화기와 텔레비전에서 완전히 벗어나 자연으로 여행을 떠난다. 35년 동안 내 곁을 지켜준 든든하고 믿음직한 파트너인 아내와 단 둘이서.

| 소아 암 병동의 어느 교수 |

유머의 힘

나는 병실에 누워 있었다. 다리 절단 수술을 받고 채 24시간도 지나기 전이었다. 의식이 돌아오면서 참을 수 없는 요의를 느꼈다. 방광이 볼링공만큼 부풀어 곧 터질 것 같았다. 나는 벨을 눌러 간호사를 불렀다.

"무슨 일이니, 마크?"

"오줌이 마려워서요. 화장실까지 좀 데려다 주시겠어요?"

"잠깐 기다려라. 곧 돌아올게."

간호사는 사라졌고 나는 생각을 다른 곳에 집중하려고 애썼다. 몇 분이 지나 간호사가 다시 돌아왔다. 하지만 혼자가 아니라 다른 간호사 한 명과 우리 병실을 돌보고 있는 나이가 여든에 가까운 베네딕트 수녀님과 함께였다.

"그냥 작은 거 누러 가는 건데." 갑자기 사람들이 불어나자 약간 당황스러웠다.

"화장실까지 가는 것만 도와주시면 되는데요."

"아직 침대에서 일어나면 안 된다. 우리가 도와줄게." 베네딕트 수녀님이 말했다.

두 간호사는 나를 부축해 앉히더니 내 옆에 걸터앉아 한쪽씩 팔을 잡았다. 베네딕트 수녀님은 내 앞에 무릎을 굽혔다. 수녀님의 손에는 플라스틱 오줌통이 들려 있었다. 수녀님은 손짓으로 내 그것을 통 입구에 대라는 시늉을 했고 나는 시키는 대로 했다. 나, 두 명의 간호사, 수녀님은 기다렸다. 그리고 또 기다렸다.

공중 화장실에서 소변을 보다가 이와 비슷한 곤란을 겪어 본 적이 있는가? 아마 개인적 공간에서 볼일을 보는 여자들은 남자들의 애로 사항을 잘 모르리라고 생각한다. 남자들은 여자들과 사정이 다르다. 공중 화장실에 들어가자마자 얼른 한 바퀴 둘러보고 가장 구석진 소변기를 찾아간다 해도 대부분 불가피하게 누군가의 옆에 서게 된다. 처음 얼마간 소변이 나오지 않는 것은 그래도 괜찮다. 결국 언젠가는 소변이 나오게 될 테니까. 멀뚱히 앞을 바라본다. 앞만 바라봐야지 절대 옆을 흘끔거려서는 안 된다. 옆에 있던 남자는 볼일을 끝냈고 이제 좀 시원하게 소변이 나올 것 같은 희망을 가져 본다. 그러나 금세 다른 사람이 옆자리를 차지한다. 여전히 소변은 한 방울도 안 나온다. 이런 상황에서 어떻게 하겠는가? 계속 그 자세로 누어 보려고 애를 써야 할까? 아니면 방금 볼일을 마친 척하며 그 자리를 떠야 할까? 이것은 남자들이라면 거의 공감할 딜레마다. 한 번이라도 이런 상황에 처해 본 적이 있다면 그 기분이 어떤지 알 것이다. 생각보다 훨씬, 훨씬 찜찜하다.

내 팔뚝을 지그시 누르고 있는 간호사의 손힘이 느껴졌다. 그들은 무언으로 나를 재촉하고 있었다. 나는 조심스럽게 오줌통을 들고 오직 거기에만 시선을 고정시키고 있는 베네딕트 수녀님을 내려다보았다. 한 번 상상해 보라. 이런 상황에 오줌이 나오겠는가? 이제 내가 엄청난 용기를 끌어 모을 차례였다. 금메달을 목표로 한 노

175

력도 그 순간에 비하면 아무것도 아니었다. 코토팍시 산 등정? 공원 산책이나 마찬가지다. 나는 그야말로 일생일대의 위기를 맞았다. 그래서 내가 그 위기를 어떻게 극복했냐고?

"저어…… 죄송해요, 여러분…… 이제 안 마렵네요…… 죄송합니다."

아무리 사정이 악화되어도 나는 항상 그 상황에서 웃을 거리를 찾으려 한다. 심한 스트레스에 시달리고 있더라도 가끔 웃음으로 긴장을 풀 기회가 생긴다. 화학 요법 치료를 받던 기간은 내 인생에서 가장 힘든 순간이었지만 이따금 웃을 일이 생겼고 나와 함께 웃어 줄 사람들이 곁에 있었다.

누군가 그렇게 힘든 시기를 견뎌 낸 비결이 무어냐고 묻는다면 최선을 다하고 웃음을 잃지 않는 것이라고 대답하겠다.

★

도움의 손길을 요청하라

★

본보기를 보이는 것은 다른 사람들을 감화하는
수단 중 하나가 아니라 유일한 수단이다.

| 알베르트 아인슈타인, 물리학자 |

★

누군가의 역할 모델이 될 기회가 생긴다면 망설이지 말고
기회를 잡아라. 한 사람의 인생을 긍정적인 방향으로
바꿀 수 있기 때문이다. 나는 바로 이런 사람이 되고 싶다.
이것이 내가 노력하는 가장 큰 이유다.

| 타이거 우즈, 골프 선수 |

훌륭한 본보기

나는 가끔 십대 암 재단 측의 요청으로 병원에서 투병 중인 청소년들을 방문하여 내 경험담을 들려주고 격려를 전하곤 한다.

처음 암 선고를 받았을 때도 그렇고 지금까지도 암 선고가 곧 사형 선고라고는 생각하지 않는다. 암은 이길 수 있고 암을 극복한 후 더 행복하게 살 수도 있다. 그러나 안타깝게도 모두가 해피엔딩으로 끝나지는 않는다.

한번은 열두 살짜리 어린 소년을 방문한 적이 있다. 우리는 정말로 비슷했다. 어떤 면에서 그 소년은 예전의 나를 연상시켰다. 처음 만났을 때 소년은 암이 어디에 생겼는지도 모르고 있었지만 예전의 나처럼 자신의 상황을 최대한 긍정적으로 받아들이려고 애쓰고 있었다. 그러나 어느 날 소년은 알게 되었다. 자신이 내년 크리스마스까지밖에 살지 못한다는 사실을. 얼마 동안 나는 무슨 말을 해야 할지 몰라 잠자코 있었다. 그 상황에서 무슨 위로의 말을 건넬 수 있겠는가? 애써 화제를 다른 쪽으로 돌리던 나는 문득 예전에 사람들이 나를 그렇게 대할 때 무척 싫었던 기억이 떠올랐다. 내가 그 사람들과 똑같은 행동을 하고 있지 않은가! 그래서 용기를 내어 그에게 남은 시간 동안 하고 싶은 일을 물어보았다. 소년은 남동생과 최대한 많은 시간을 보내고, 사소한 일로 다툰 학교 친구와 화해를 하고 싶다고 했다. 내가 도울 일은 거의 없었다. 마치 곧 죽을 사람 앞에서 나는 살아남았다고 자랑하는 것 같아 그 어떤 말도 할 수 없었다. 내가 할 수 있는 일이라고는 마지막까지 좋은 친구가 되어 주는 것뿐이었다. 이후 나는 가끔 지치고 힘겨울 때면 그 어린 소년을 생각하곤 했다. 그 아이의 눈빛을 떠올리며 다시 마음을 추스를 수 있었다.

어린 나이에도 내게 큰 본보기가 되었던 그 소년 말고 또 기억나는 사람이 있다. 존 워터스라는 친구였다. 당시 나는 스물여섯 살, 존은 열네 살이었다. 수영장에서 평소대로 훈련을 하던 나는 갑자기 누가 뒤에서 바싹 따라오는 낌새를 챘다. 예고 없이 훈련 파트너가 늘어난 것 같았다. 내 뒤에 너무 바싹 붙는 바람에 그의 손이 계속 내 발을 건드렸다. 수영장에서 좋은 매너는 아니었다.

휴식 시간이 되자 나는 그에게 내 앞으로 가서 수영하라고 권했다.

"아니에요. 말씀은 고맙지만 뒤가 더 좋아요."

그는 미국 이스트 코스트 지역의 억양으로 대답했다. 그날의 첫 만남은 기억에 남을 멋진 훈련 기간의 시작이었다. 미국 코네티컷 주 출신인 존은 런던에 잠시 머물고 있었다. 만일 그가 영국인이었다면 또래 중에서 가장 빠른 수영 국가대표가 되었을 정도로 그의 수영 실력은 탁월했다.

존은 끊임없이 발전하고 싶어하는 것처럼 보였다. 한참 동안은 나를 비롯한 다른 세계적 수준의 선수들에게 훈련 테크닉을 물어보더니, 다음에는 부지런히 이탈리아어 실력을 갈고 닦아 수영 클럽에서 마주치는 외국인과 수다를 떨며 친분을 이어갔다. 끊임없이 자기 발전을 위해 노력하는 존의 모습은 내게 좋은 자극제가 되었다. 그는 나의 최고의 수영 파트너였고, 훌륭한 역할 모델이었다.

이후 존은 스탠퍼드 대학교를 졸업했고 간발의 차로 아쉽게 미국 국가대표 선발에 탈락하여 2000년 시드니 대회에 참가하지 못했다. 지금은 의과 대학 진학을 목표로 준비 과정에 있으며 언젠가 의사가 되기를 꿈꾸고 있다. 나 역시 그가 꼭 의사가 될 거라고 믿어 의심치 않는다.

당신의 역할 모델은 누구인가?

후회 없이 가장 바람직한 삶을 사는 비결은 무엇일까? 역경과 시련이 닥쳤을 때 극복할 수 있는 비결은 무엇일까? 이런 비결을 처음부터 갖고 태어나는 사람은 없다. 사람이면 누구나 길잡이가 필요하다. 그렇다면 무엇이 길잡이가 되어 주는가? 답은 사람마다 다르다. 누구는 종교에서 답을 찾고, 누구는 부모님이나 인생의 선배를 역할 모델로 삼는다. 전혀 예상하지 못한 곳에서 역할 모델이나 멘토를 찾을 때도 있다.

역할 모델은 우리가 동경하고 갖고 싶어하는 자질과 능력을 갖춘 사람들이다. 그들은 새로운 가능성을 보여 주고 더 위대한 목표를 달성하도록 동기 부여를 한다.

지금까지 살면서 나에게도 몇 명의 역할 모델이 있었지만 시간이 지나도 여전히 본보기로 남은 경우는 극히 소수다. 대개 아이들처럼 내가 처음 닮고 싶었던 이들은 텔레비전에 자주 나오는 유명 운동선수나 팝 가수, 축구 선수 들이었다. 이들은 나의 우상이었고 나는 이들을 열심히 흉내 내었다.

지금에 와서 생각해 보니 이들은 잠시 반짝하다 사라지는 별들이었다. 명성은 곧 사그라졌고 업적은 빛이 바랬다. 가끔은 신문이나 텔레비전에서 이들의 치부나 성격적 결함을 폭로할 때도 있었다. 그러나 인생을 바꿀 만큼 오래 영향을 미친 역할 모델들도 적지만 분명 있었다. 존 워터스도 그 중 한 명이다. 힘든 훈련을 반복하느라 매우 지쳐 있던 내게 과정을 즐기는 법을 알려 주었다. 훈련 과정을 즐기면 결과도 성공에 가까워진다는 자명한 이치를 그를 통해 깨닫게 된 것이다.

역할 모델로서의 부모

2003년 미국의 여론 조사 기관 해리스 인터랙티브가 조사한 결과에 따르면 조사 대상 중 거의 절반에 가까운 여성이 자기 어머니를 역할 모델로 삼고 있었다. 다른 조사에서 46퍼센트의 청소년들은 자신의 역할 모델이 팝 가수나 스포츠 스타가 아니라 가족이라고 응답했다. 언급은 하지 않았지만 더 많은 사람들이 부모님이나 다른 가족들을 자신의 역할 모델로 삼고 있으리라고 예상된다. 긍정적인 역할 모델을 가진 청소년이 자존감도 더 높고 학교 생활도 열심히 한다는 연구 결과도 있다.

부모는 자녀들에게 엄청난 영향을 미친다. 부모가 좋은 본보기가 되면 자녀들은 인생에서 건강한 선택을 할 가능성이 높아진다. 자녀들이 부모에게 복종하거나 부모의 말을 귀 기울여 듣지 않는 것처럼 보일 때조차 자녀들은 부모의 언어적, 비언어적 의사소통 요소들을 감지하고 따라한다. 명심하라. 부모의 가치관과 의견이 그리고 부모가 보이는 모범이 자녀들의 앞날에 절대적인 영향을 미친다는 사실을.

182

나는 자녀에게 역할 모델이 되고 있는가?

다음과 같은 질문을 던지고 스스로 점검해 보라.

◆ 자녀들이 당신의 행동을 따라 하기를 바라는가?

아이들은 모방을 통해 가장 쉽고 빠르게 배운다. 스스로에게 부끄럽지 않은 삶을 살며 주변 사람들과 환경을 대하는 태도에서 본보기를 보인다면 아이들은 당신을 보고 배울 것이다.

◆ 자신의 가치관을 자녀들에게 잘 설명해 주는가?

가치관을 자녀들에게 밝히기 전에 먼저 자신의 가치관이 무엇인지, 왜 그 가치관을 고수하는지 깊이 생각해 보아야 한다. 자녀들에게 당신이 그러한 가치관을 갖게 된 과정과 이유를 설명하고 이해를 얻는다면 자녀들이 비슷한 가치관을 갖게 될 가능성이 커진다.

◆ 감정적인 문제들과 스트레스를 건강하게 해소하고 있는가?

스트레스나 불안과의 싸움도 일상의 한 부분이다. 자녀들과 솔직하게 대화하며 이러한 싸움에 대처하는 법을 가르치고 있는가?

◆ 인생에는 오르막도 있고 내리막도 있다는 사실을 깨닫게 하고 있는가?

인생이 항상 마음먹은 대로 되지는 않음을 가르쳐라. 목표를 향해 계속 전진하려면 가끔은 접근 방법과 행동 방식을 바꿀 필요가 있다.

◆ 가족들과 의미 있는 시간을 보내고 있는가?

가족들과 함께 보내는 시간만큼 중요한 게 있을까? 항상 쉬운 일은 아니겠지만 관심과 사랑을 보이려면 함께 시간을 보내고 추억을 쌓는 것이 중요하다. 자녀들의 앞날에 진정으로 관심이 있다면 그들의 바람이 무엇인지, 걱정은 무엇인지 물어보라. 자녀들의 이야기에 귀를 기울인다면 조언이 필요할 때 자녀들은 그 누구보다 당신을 찾을 것이다.

◆─ **자녀들의 학교 교육과 방과 후 활동에 관심을 가지고 있는가?**
자녀들이 집 밖에서는 어떻게 생활하는지 관심을 가지고 지켜보라. 자녀들이 적극적으로 다양한 활동에 참여하여 발전의 기회를 얻도록 해야 한다.

나의 영웅, 나의 아버지

내 첫 역할 모델은 아버지였다. 아버지의 열정, 낙관주의, 추진력과 자연을 사랑하는 마음이 지금까지도 나에게 영향을 미치고 있다. 아버지는 지금 이 자리에 서기까지 나를 인도하고 가르친 분이다. 처음 수영을 가르친 분도, 수영을 계속하도록 격려해 주신 분도 아버지였다.

우리 가족은 영국 동북부 그림스비 외곽의 노스 소레스비라는 작은 마을에 살았다. 20분 거리의 시내 중심가에 수영장이 하나 있었는데 당시 네 살이었던 내 눈에 수영장은 휑하니 아주 허전해 보였다. 나는 아버지가 신발과 양말을 벗고 바짓단을 걷는 동안 손바닥만 한 수영 팬츠 차림으로 몸을 움츠린 채 차가운 탈의실 바닥에 서 있었다. 아버지는 내 손을 붙잡고 카운터로 가서 내 옷과 아버지의 신발과 양말이 담긴 바구니를 건네셨다. 카운터에서는 작은 알루미늄 숫자판이 달린 안전핀을 건네주었다. 아버지의 도움으로 그 핀을 수영 팬츠에 달고, 우리는 다시 탈의실을 지나쳐 수영장으로 향했다.

아버지는 먼저 발 씻는 물에 들어가셨다.

"너도 어서 들어오렴."

나는 차갑고 흐릿한 물에 발을 담갔다. 물은 바로 내 무릎 아래까지 왔다. 아버지는 내 손을 잡고 나를 거의 들어 올리다시피 물 밖으로 꺼냈고 우리는 수영장 가장자리로 걸어 나갔다.

수영장은 사람들로 북적였다. 흥분과 공포가 뒤범벅된 새된 외침과 환호성이 딱딱한 타일 표면에 반사되어 메아리쳤다. 한쪽 벽에 붙어 서로 밀치락달치락하며 강습을 기다리는 어린아이들의 모습이 보였다. 높이가 제각각인 다이빙대에서 뛰어내리는 사람들도 있었다. 몸에 꼭 끼는 흰 테니스 셔츠 차림에 슬리퍼를 신은 덩치 큰 아주머니들이 물 위로 몸을 굽히고 손에 든 빗자루를 거대한 지휘봉처럼 휘젓는 모습이 눈에 띄었다.

"아줌마들이 저 빗자루 막대기로 뭘 하는 거예요?" 내가 물었다.

"응, 아이들이 수영하다가 힘이 빠지면 붙잡으라고 막대기를 내밀고 있는 거란다. 걱정 마라, 넌 그럴 일이 없을 테니까."

내가 그곳에 간 것은 생애 첫 수영 배지를 따기 위해서였다. 이미 아버지에게 수영을 배웠지만 시험을 거쳐 배지를 따는 일이 남아 있었다. 아버지는 막대기를 든 아주머니들 중 한 명에게 다가가 이야기를 나누더니 곧 아주머니를 데리고 오도카니 서서 떨고 있는 내 쪽으로 오셨다.

"10미터 배지를 따겠다는 말이지?" 아주머니가 물었다. 나는 그저 고개를 끄덕였다.

"가로 코스로 저쪽까지 한 번만 가면 10미터 배지를 따는 거야. 어떤 영법을 사용해도 좋고 중간에 피곤하면 영법을 바꾸어도 좋아. 단 걷거나 멈추거나 가장자리에 매달리면 안 된다. 그러면 배지를 못 따는 거야. 내 말 알아듣겠니?"

"가로로 쭉 가기만 하면 되는 거야. 자신 있지?" 아버지께서 내 눈높이에 맞게 쪼그려 앉으며 물으셨다.

"한번 해 볼게요."

"옳지. 그럼 물에 들어가자."

나는 수영장 가장자리에 앉아 물속으로 미끄러져 들어갔다. 발이 바닥에 닿지 않았다. 나는 개구리헤엄과 개헤엄을 섞어 가며 헤엄쳐 가기 시작했다.

"잘했어. 바로 그거야." 아버지는 가장자리로 따라오며 응원했다.

"옳지, 쭉쭉 가는 거야."

한참 떨어진 저쪽 끝이 점점 가까워졌다. 아버지는 앞에서 무릎을 꿇고 나를 부르고 계셨다.

"옳지, 옳지! 거의 다 왔다!"

이제 두세 번만 팔을 휘저으면 닿을 수 있는 거리까지 다다랐다.

"잘했어! 이제 한 바퀴 돌아서 다시 처음으로 돌아가 보자."

나는 조금 놀랐다. 아까는 분명 이쪽까지 한 번만 가면 된다고 하셨는데. 하지만 따지고 있을 겨를이 없었다. 나는 한 바퀴 돌아서

186

다시 출발점으로 돌아가기 시작했다.

"바로 그거야! 할 수 있다니까!" 아버지가 소리치셨다. 무릎을 꿇고 응원하시느라 가장 좋은 양복바지의 두 무릎이 동그랗게 젖어 있었다.

'이 정도는 할 만하네. 설마 여기서 한 번 더하라고는 안 하겠지.' 나는 속으로 생각했다.

"다 왔다! 그래! 해냈어!" 물이 넘치는 수영장 가의 물받이를 붙들고 멈추자 아버지가 무릎을 꿇고 내 머리를 쓰다듬어 주셨다.

"잘했다, 아들." 아버지는 내 팔 위쪽을 잡고 나를 물 밖으로 끄집어냈다.

"아빠는 네가 자랑스럽구나." 마른 수건으로 젖은 머리를 닦아주며 아버지가 말씀하셨다.

"앞으로도 수영장에서 많은 시간을 보내겠지만 이 배지를 딴 날만큼 중요한 날은 없을 거야. 이 배지는 네가 수영을 할 수 있다는 증거니까." 아버지는 들떠서 말을 이으셨다.

"아빠가 해공 협동 해난 구조 요원으로 있을 때는 도르래를 타고 내려가 조난당한 사람들을 구했단다. 아니면 잠수 장비를 갖추고 바다에 뛰어들어 물에 빠진 사람들을 건져 내곤 했지. 그래서 우리 아들이 수영 배지를 따게 된 게 정말 자랑스럽구나. 아빠가 수영을 참 잘했거든."

로비에서 아버지는 카운터 직원에게 돈을 건네고 작은 플라스틱 용기 안에서 꺼낸 두 개의 조그만 타원형 배지를 받았다. 아버지는 그 배지들을 내 손바닥 위에 올려놓으셨다. 수영복에 꿰매 붙이게 만들어진 작은 타원형의 천으로 10미터 배지는 자주색, 25미터 배지는 녹색이었다. 한가운데는 '수영 거리 인증서'라는 글씨와 함께 접영을 하는 남자의 그림과 거리가 실로 수놓아져 있었다. 아버지와 나는 누가 먼저랄 것도 없이 얼굴을 마주보며 싱긋 웃었다.

역할 모델은 많을수록 좋다

암 병동에서 만난 열두 살 소년과 수영장에서 만난 존을 통해 나는 역할 모델은 우리 주변 어디에나 있음을 깨닫게 되었다. 이들은 둘다 나름의 방식으로 역할 모델이 되어 주었고 '어떻게 살아야 하는가?'라는 문제에 가르침을 주었다.

사실 나에게는 역할 모델이 아주 많다. 어떤 이들은 내 인생 전체에 영향을 주었고 어떤 이들은 운동이나 비즈니스, 사회봉사와 같이 길잡이가 필요한 특정 분야에 도움을 주었다. 중요한 점은 이들을 멀리서 찾을 필요가 없었다는 것이다. 알고 지내는 비교적 좁은 범위의 사람들 틈에서도 나에게 영감을 주고 가르침을 줄 이들은 얼마든지 있었다. 중요한 고객들을 상대하며 내 의사소통 기술에 아쉬움을 느꼈을 때는 직장 동료인 앨리 길이 있었다. 어떤 조직에서든 든든한 인맥을 만들어 내는 일에 정평이 난 사람이었다. 암벽등반을 시작했을 때도 훌륭한 등반가가 되는 데 길잡이가 되어 줄사람들을 금세 찾을 수 있었다. 존 던과 앤디 잭이라는 최고의 등반가들이 그들이다. 또 내가 하고 있는 자선 사업의 기부금 총액을 늘리고자 애썼을 때는 십대 암 재단 설립자 중의 한 분이기도 한 에이드리언 와이트슨 박사에게서 큰 도움을 받았다.

나의 역할 모델은 누구일까?

나만의 역할 모델을 찾고 싶다면 다음 물음에 답해 보아라.

◆ **내 인생의 어떤 부분에 역할 모델이 필요한가?**

인생의 어떤 부분에 길잡이가 필요한지를 분명히 알면 내게 맞는 역할 모델을 찾을 가능성이 높아진다. 예컨대 더 훌륭한 경영자가 되는 것을 가장 큰 목표로 삼고 있다 하더라도 그중에서 어떤 부분의 능력을 기르고 싶은지를 더 세부적으로 정하라. 예를 들어 피드백 능력을 기르는 것을 세부적인 목표로 삼고 그 목표에 알맞은 역할 모델을 찾는다면 결과적으로 더 훌륭한 경영자가 될 수 있다.

◆ **주변에 좋은 역할 모델이 되어 줄 사람들이 있는가?**

보통 사람들은 평소 300명 정도를 알고 지낸다고 한다. 당신이 아는 300명에 그 300명이 각각 알고 지내는 300명을 곱하면 역할 모델 후보는 90,000명이 된다. 물론 그 많은 사람들을 속속들이 알고 가장 적합한 역할 모델을 고르기는 불가능하다. 그러나 길잡이를 찾고 싶을 때, 예컨대 피드백 능력이 탁월한 사람을 찾고 싶을 때 주변에 이야기해 놓으면 누군가 적임자를 추천해 줄 가능성은 상당히 크다.

◆ 나에게 정말 적합한 사람인가?

역할 모델이었던 사람을 버리거나 다른 사람으로 바꾸는 일을 어려워하지 마라. 당신이 역할 모델보다 더 빨리 성장하거나 그 모델들이 적합한 본보기가 아님을 깨닫게 될지도 모른다. 그저 먼발치에서 보고 본보기로 삼는 경우라면 그들에게 일관성이 있는지 살펴보라. 또 역할 모델에서 멘토로까지 관계가 발전한다면 그들이 당신을 발전시키고 향상시키는 방식으로 의사소통하고 있는지 살펴보아야 한다.

멘토, 한 걸음 더 다가선 관계

'멘토'라는 단어는 그리스 신화에 나오는 '멘토르'에서 유래했다. 기원전 800년경 호메로스가 지은 《오디세이아》에서 오디세우스가 신뢰하는 동료로 등장하는 '멘토르'는 오디세우스가 트로이 전쟁에 나간 사이 그 아들 텔레마코스의 충고자, 상담자, 스승, 역할 모델 노릇을 한다. 이후 '멘토'라는 단어는 영어로 흡수되었고 현명하고 믿음직한 상담자 또는 스승을 뜻하게 되었다.

멘토링은 비즈니스와 일상에서 개인의 능력을 계발하는 매우 효과적인 수단으로 널리 인정받고 있다. 《포춘》지에서 선정한 500대 기업의 CEO들을 설문 조사한 결과 다수의 응답자들이 효과적인 멘토링이 성공하는 데 큰 역할을 했다고 답했다. 여성들에게 멘토링은 직장에서 승진하는 수단으로 특히 유용하다. 1996년의 한 여론 조사에서 응답한 여성 경영자의 99퍼센트가 멘토링을 받아 본 적이 있다고 답했다.

멘토의 역할은 무엇인가?

좋은 멘토는 당신의 인생을 바꾼다. 멘토는 자신감과 자존감을 쌓도록 도와주고 정신적 지원을 베푼다. 멘토링을 통해 경력을 한 단계 높이고 기술을 향상시키며 인맥을 넓힐 수 있다. 또 충고나 조언, 피드백도 얻을 수 있다.

멘토는 당신이 어떤 관계를 원하느냐 그리고 멘토가 어느 선까지 관계를 허락하느냐에 따라 다양한 역할을 맡는다.

상담자로서 멘토는 개인적인 문제들에 도움을 준다. 그들은 일과 여가의 균형을 유지하는 문제, 개인의 신념과 가치관을 유지하는 것과 같은 윤리적인 문제들에 조언을 해 준다. 좋은 멘토는 당신과 교감할 뿐 아니라 목표를 이루는 데 그리고 위험을 내포한 내적 갈등을 해소하는 데 도움을 줄 수 있는 사람이다.

멘토의 또 다른 중요한 역할로 코치의 역할을 빼놓을 수 없다. 코치를 두는 것의 이점은 이미 증명된 바 있다. 코치는 당신이 스스로 동기 부여가 안 될 때, 옆에서 끊임없이 채찍질하고 격려하며 목표를 달성하는 데 필요한 기술과 능력을 기르게 해 준다. 따끔한 피드백과 함께 임무 완수를 위한 전략을 제시하기도 한다. 이것이 사람들이 개인 트레이너를 두고, 축구 코치를 두고, CEO 코치를 두고, 인생의 코치를 두는 이유이다.

멘토는 후원자의 역할도 한다. 모험을 싫어하는 사람들에게는 특히 이러한 유형의 멘토가 필요하다. 무조건적인 지지와 격려를 보내는 멘토의 도움으로 위험 부담이 있더라도 자신의 평소 한계를 넘어 밀어붙이는 배짱을 가질 수 있기 때문이다. 멘토는 또한 발전을 위해 끊임없이 도전할 것을 재촉하는 사람이기도 하다.

마지막으로 멘토는 당신의 이야기를 귀 기울여 들어 주는 사람이다. 판단하지 않고 들어 주는 능력은 매우 귀중한 의사소통 기술로 관계를 더욱 친밀하게 만든다. 물론 멘토가 친구가 되는 일도 가능하다.

나의 멘토들

내 주변에는 언제나 역할 모델들이 있는데 저마다 성향도 다르고 유형도 제각각이다. 나도 경영자 코치 노릇을 하고 있지만 내 위에도 나를 감독하고 지휘하는 코치가 있다.

대개 역할 모델은 함께 일하는 동료들 특히 선배들 중에서 찾는다. 완벽한 리더 같은 것은 없다고 생각하며 멘토로 생각하는 사람들 각각에서 장점만을 배우려 한다. 멘토들과의 경험은 지금까지 나의 직장 생활이나 경력 관리 방향, 승진 등에 커다란 영향을 미쳤다.

종종 만나는 가까운 친구들은 직장에서의 고민과 인생에서의 고민을 상의하는 비공식적인 멘토 역할을 해 준다. 그 보답으로 나 또한 직장에서나 영국의 비영리 교육 단체 '티치 퍼스트' 프로그램을 통한 봉사 활동으로 많은 사람들의 코치 겸 멘토 역할을 하고 있다.

| 리처드 컬린, 영국 국립 보호 관찰소 인력 개발 부장 |

멘토는 어디서 찾을까?

멘토를 찾기 전에 먼저 당신이 누군가와 이런 관계를 맺기에 알맞은 사람인지 생각해 보라. 나는 멘토에게 흥미로운 상대인가? 기꺼이 다른 사람을 신뢰하고 배울 자세가 되어 있는가? 이런 조건들을 갖추지 못했다면 멘토가 당신을 돕는 것도 시간 낭비일 뿐이다.

보통 멘토링 관계에는 공통된 특성이 있다. 멘토는 보통 조언을 받는 쪽 – '프로테제protégés' 라고도 부른다 – 보다 연장자이다. 동시에 여러 명의 멘토를 두는 일도 가능하다. 멘토링은 조언을 하는 쪽과 받는 쪽 모두에게 똑같이 이득이 되어야 한다.

조직 자체에서 공식적으로 멘토링 프로그램을 운영하는 경우가 있다. 이 경우에는 공식적인 통로를 통해 멘토를 구하면 된다. 비공식적인 멘토링도 있다. 비공식적인 멘토링에는 직장에서의 멘토링과 달리 애초에 쌍방이 그 관계를 받아들여야 할 의무가 없다. 비공식적인 멘토링을 선호하는 사람들은 이러한 관계에는 공식적인 관계에서 찾기 힘든 끈끈함이 있다고 말한다. 직장 안에서와 직장 밖에서 따로 멘토를 두는 일도 가능하다.

멘토를 찾을 필요가 없을 때도 있다. 그들이 먼저 당신을 찾아내기 때문이다. 하지만 이런 기회를 얻지 못했을 때 멘토가 되어 줄 만한 사람을 찾아 가까이 다가가는 것은 당신의 몫이다. 서로 '궁합이 맞는' 사람을 찾아내야 하는 것이다.

멘토링 관계가 바람직하게 이루어지고 있는지 여부를 평가할 때 고려해야 하는 요소들이 있다. 먼저 둘의 관계는 서로 주고받는 관계여야 한다. 멘토가 일방적으로 베풀기만 해서는 안 된다는 말이다. 멘토 역시 그 관계에서 얻고자 하는 것이 있을 테고 따라서 멘토링 관계는 쌍방에게 모두 만족스러워야 한다. 비록 멘토가 얻고자 하는 보상은 당신이 얻고자 하는 보상과 다르겠지만.

둘째로 정직이 바탕이 되어야 한다. 멘토에게 다가갈 때는 솔직하고 정직해야 하며 잘한 일과 잘못한 일을 숨김없이 이야기해야 한다. 그러지 않으면 효과적인 의사소통을 기대할 수 없기 때문이다.

멘토링 관계에 적신호가 켜질 때

모든 멘토링 관계가 유익한 것은 아니다. 당연히 계획대로 실행되지 않는 관계도 생긴다. 출발은 좋았으나 중간에 흐지부지되어 버리는 관계도 있다. 결국 살면서 관계들을 형성하고 지속적으로 유지한다는 것 자체가 어려운 일인데 멘토링 관계라고 별다를 이유가 있겠는가? 따라서 멘토링 관계에 빨간불이 켜지는 순간을 잘 감지해야 한다. 위험을 알리는 적신호는 다음과 같다.

- ◆ 멘토가 까다로운 문제들을 떠맡거나 관여하려 하지 않는다.
- ◆ 의사소통이 잘 이루어지지 않는다.
- ◆ 멘토가 부적절한 행동을 보인다. 너무 강압적이거나 비판적이거나 부적절한 관계를 원한다.
- ◆ 멘토가 억지로 멘토링 관계에 응한다. 강요를 통해서는 결코 좋은 조언이 나오지 않는다.

멘토링 관계를 맺을 계획이 있다면 가족이나 배우자와 먼저 상의

하는 것을 잊지 마라. 조언을 주고받다 보면 둘의 관계가 매우 밀접해질 가능성이 있다. 다른 중요한 인간관계에 영향을 미치지 않도록 경계를 잘 긋는 일이 중요하다.

평범한 사람들의 평범하지 않은 인생

장 도미니크 보비가 마흔셋이었을 때는 모두가 그를 부러워했다. 세계적인 패션 잡지 《엘르》의 편집장이었던 그의 앞에는 창창한 미래가 펼쳐져 있었다. 그러나 1995년 그는 갑자기 뇌졸중으로 쓰러져 '감금 증후군' 진단을 받는다. 의식은 있지만 신체 기능이 마비되는 희귀병으로 보비가 움직일 수 있는 유일한 근육은 왼쪽 눈꺼풀뿐이었다.

완치되거나 조금이라도 회복될 가능성은 전혀 없었다. 절망에 빠진 보비는 책을 써서 자신이 처한 상황을 알리기로 결심한다. 사용 빈도에 따라 재배열된 알파벳과 헌신적인 병원 사람들의 도움을 받아 그는 원하는 알파벳을 가리킬 때마다 눈을 깜빡이는 방법으로 문장을 받아쓰게 했다. 믿을 수 없을 만큼 고생스러운 이 방법을 통해 보비는 《잠수종과 나비》라는 책을 완성했다. 잠수종은 사람이 물속에 들어가 일할 수 있도록 만든 큰 종 모양의 잠수복이고, 나비는 육체라는 잠수종에 갇힌 보비의 자유로운 상상력을 의미한다. 130쪽의 얇은 이 책에는 위대한 인간 승리가 담겨 있다. 보비는 1997년 책을 발표하고 얼마 후 곧 사망했다. 2007년 그의 소설을 원작으로 한 동명의 영화가 제작되었다.

9

★

성공을 가로막는 편견을 깨라

★

편견은 바보들의 구실이다.

| 볼테르, 계몽 사상가 |

★

정신을 밭으로 비유했을 때 교육을 통해 그 밭을 갈고
비료를 주지 않은 이들의 마음에 자라난 편견은
가장 뿌리 뽑기 힘든 악덕이다.
편견은 그들의 마음속에 마치 자갈밭의 잡초처럼
완고히 자라난다.

| 샬럿 브론테, 《제인 에어》의 작가 |

탈의실에서 생긴 일

수영 선수는 자신의 벌거 벗은 모습을 보여야 한다. 물론 수영복을 입기는 하지만 수영복 차림으로는 신체의 결함을 거의 감출 수 없기 때문에 나는 사람들이 내 의족을 쳐다보고 의족을 벗으면 환부를 쳐다보는 일에 매우 빨리 익숙해졌다. 아이들은 나를 바로 쳐다보지만 어른들은 곁눈질로 힐끔힐끔 보거나 애써 놀란 기색을 감추려 한다. 그럴 때면 세월이 바뀌어도 사람들이 장애에 대해 가지고 있는 부정적인 인식은 바뀌지 않는다는 사실을 똑똑히 알게 된다.

한번은 이런 일도 있었다. 나는 늘 훈련을 하던 수영장 탈의실에서 옷을 갈아입고 있었다. 수영장 두 개와 다이빙장이 함께 붙어 있는 곳이라 훈련 중인 선수들이 수영하러 온 일반인들과 탈의실을 함께 사용하는 경우가 흔했다. 수영복 차림으로 탈의실에 서 있는데 세 살 정도 되어 보이는 남자아이가 나를 발견했다. 아이는 내 의족에서 시선을 떼지 못하고 손가락으로 가리키며 말했다.

"아빠, 저것 좀 봐!"

아이의 몸을 수건으로 닦아 주던 아버지는 아이가 손가락으로 가리키는 것이 무엇인지를 알아채자마자 아이의 다리를 찰싹 때렸다. 나는 그 아버지의 반응에 몹시 놀랐다. 아이는 훌쩍거리기 시작하더니 곧 큰 소리로 울음을 터뜨렸다. 뭐라 할 말이 없던 나는 울고 있는 아이와 쩔쩔매는 부모를 뒤로 하고 황급히 탈의실을 빠져나왔다. 그날 훈련하는 내내 탈의실에서 있었던 사건이 머릿속을 떠나지 않았다. 과연 그 상황에서 무슨 말을 해야 했을까? 그날 그 아이는 분명 장애는 끔찍한 것이라는 생각을 하며 집으로 돌아갔을 것이다. 장애는 아는 척해서도 안 되고 그것에 관해 말해서도 안 되는 것이라는 교훈을 가지고 말이다.

나에게는 어떤 꼬리표가 붙어 있을까?

우리는 사람들에게 꼬리표를 붙인다. '뚱뚱한 사람' '미련한 사람' '장애인' '예술적인 사람' '현실적인 사람' '공부밖에 모르는 사람' 등등. 꼬리표의 목록은 끝이 없다.

마케팅 담당자들은 인간을 다양한 방식으로 범주화한다. 가장 대표적인 분류는 사회 경제적인 계급으로 나누는 것이다. 영국 통계청에서 최근 발표한 사회 경제 분류에 따르면 영국인들은 고위 관리직과 전문직부터 장기간 실직에 이르는 열 가지 범주 중 하나로 분류된다.

세대별로 붙는 꼬리표도 있다. 제2차 세계대전 직후에 태어난 사람들을 일컫는 베이비 붐 세대, 1965년에서 1976년 사이 물질적인 풍요 속에 탄생한 사람들을 일컫는 X세대, 사업 감각을 타고난 청소년 세대를 가리키는 E세대, 베이비 붐 세대가 낳은 자녀들을 가리키는 Y세대 등이 있다. 도시에 거주하는 젊은 전문직 고소득자를

199

뜻하는 여피족YUPPIES 'young urban professionals' 의 약자, 일부러 자녀를 갖지 않는 맞벌이 부부를 뜻하는 딩크족DINKS 'double income, no kids' 의 약자과 같은 신조어들도 빼놓을 수 없다. 매체 역시 이런 꼬리표들을 반긴다. 잡지에서 가장 인기 있는 기사는 사람들을 옷 입는 취향, 식습관, 음악 취향이나 성적 취향에 따라 나누는 기사들이기 때문이다.

잠재의식적으로 꼬리표를 다는 경우도 있다. 어떤 사람이 예전에 만난 누군가를 연상시킨다는 이유로 같은 범주에 넣는 경우가 여기 속한다.

꼬리표를 다는 이유에는 몇 가지가 있다. 먼저 인간은 복잡한 존재다. 복잡하면 혼란이 온다. 사람들을 범주화하여 정리해 놓으면 세상을 이해하기가 훨씬 쉬워진다. 지금 당장 지인 중 몇몇을 떠올려 보라. 그들을 어떻게 정의하고 있는가? 아마 '깔끔한' '심술궂은' '의욕적인' 과 같은 몇 가지 단어로만 정의하고 있을 것이다. 이러한 범주화는 정상적인 행동이다. 어린아이들은 아주 이른 나이부터 여러 사회 집단을 구분하며 생후 만 1년이 지나면 성별을 분간한다고 한다.

미국의 심리학자 고든 올포트는 《편견의 속성》이라는 책에서 "사고할 때 인간의 정신은 범주화의 도움을 받아야만 한다.…… 한 번 형성된 범주는 정상적인 편견의 바탕이 된다. 이 과정을 피하기는 불가능하다. 이러한 과정을 통해 삶의 질서가 생기기 때문이다"라고 말하기도 했다.

문제는 꼬리표가 다른 사람들을 속이고 우리 자신을 속인다는 것이다. 사람들은 더 이상 타인의 진정한 모습을 알기 위해 시간을 들이지 않는다. 꼬리표는 사람들을 현혹시키고 타인을 일반화, 바꾸어 말하면 전형화한다. 꼬리표가 그 개인에 대해 말해 주는 사실은 아무것도 없다. 단지 편견과 차별을 부추길 따름이다.

왜 꼬리표가 문제인가?

꼬리표와 편견은 함께 따라다닌다. 우리는 사람들을 '우리'와 '그들' 또는 학자들이 내집단과 외집단이라 부르는 범주로 나누는 경향이 있다. 사람들은 자신이 속해 있다고 느끼는 내집단의 구성원들을 선호한다. 또 같은 범주에 속한 구성원들끼리의 유사점과 다른 범주에 속한 구성원들끼리의 차이점을 과장하기도 한다. 흔히 장애인은 장애인과 비슷하다고 여기고 비장애인과는 완전히 다르다고 생각하는 것이 좋은 예이다.

명백히 자의적인 관계조차 강력한 영향력을 미친다. 생일이 같은 사람들을 만나면 더 우호적으로 협력할 가능성이 높고, 고향이나 출신 학교가 같은 사람을 만나면 더 친근한 감정이 형성되기도 한다. 이러한 꼬리표 붙이기가 악의 없고 무해하다고 생각해서는 안 된다. 사람들을 범주화하는 편리한 방식에서 출발했지만 끔찍한 무엇으로 변질될 수도 있다. 파랑, 빨강, 갈색, 초록, 노랑, 분홍의 삼각형 도형들을 보면 무엇이 떠오르는가? 이것은 나치 치하 강제 수용소에서 수감자들이 가슴에 달고 있던 꼬리표다. 각각의 색은 외국인 강제 징용자, 정치범, 집시, 범죄자, 유대인, 동성애자를 상징한다. 나치 수용소에서 이 꼬리표는 언제나 감금, 더 나아가 죽음을 의미했다.

습관적으로 쓰이는 꼬리표와 표현들이 부정적 측면을 더욱 강조하기도 한다. 내가 처음 암 진단을 받고 치료를 시작했을 때 어떤 사람들은 나를 '암 피해자' 내지는 '암 희생자'라 불렀다. 나는 이런 부정적인 표현들을 경멸했다. 나는 긍정적인 가능성을 보고 싶었다. 당시 나에게 정말 고통스러웠던 것은 암이 아니라 화학 요법 치료였지만 아무도 '화학 요법 치료 피해자'라는 표현은 쓰지 않는다. 그런데 왜 내가 암 희생자로 불려야 하는가? 순순히 희생자가 되고 싶은 마음은 눈곱만큼도 없었다. 나는 생존자가 되고 싶었다. 그런데 왜 사람들은 나를 벌써 죽은 사람 취급했을까?

떨어지지 않는 꼬리표

한번 자리 잡은 전형과 편견은 극복하기가 매우 어려우며 경력과 인간관계 및 삶의 모든 측면에 영향을 미친다.

전형이 고착되고 굳어지는 방식을 보여 주는 좋은 사례가 있다. 한 실험에서 참가자들에게 키가 같은 남자와 여자의 사진을 골라내게 했다. 사진첩에 있는 사진들에는 남자와 여자가 한 명씩 찍혀 있다. 참가자들은 각각의 남자와 키가 똑같은 여자의 사진을 골라내

202

야 한다. 참가자들에게는 각각의 사진을 개별적인 사례로 판단하고 판단에 성별을 개입시키지 말라는 주의 사항이 주어졌다. 가장 정확하게 맞춘 사람에게 상금을 내걸었지만 참가자들은 여전히 남성과 여성의 전형화된 범주를 벗어나지 못했다. 실제로는 같은 키임에도 평균적으로 남성이 여성보다 몇 센티미터 더 크다고 판단한 것이다.

이런 현상은 연구실 밖의 현실 세계에서도 일어난다. 편견과 차별을 이야기할 때 대부분은 인종 차별주의나 성 차별주의처럼 명백하게 드러난 편견들을 떠올리지만 전형화는 다양한 형태와 크기로 영향을 미친다. 겉으로 보기에는 해가 없는 형태로도 말이다.

내 친구의 부모님은 친구에게 '공부벌레'라는 꼬리표를 달았다. 학교에서 공부를 곧잘 한 까닭이었다. 그 친구가 무언가 현실적인 일을 하려고 할 때마다 친구의 부모님은 웃으며 그런 어울리지 않는 일로 신경 쓰지 말라고 말하곤 했다. 하지만 그 후 친구는 악기 연주를 배우고 간단한 건축술을 배우더니, 정원에 창고를 짓거나 전자 제품들을 분해했다가 재조립하는 일들을 뚝딱 해치웠다. 사실 그 친구는 손재주가 있어 웬만한 일은 혼자 해냈고 친구들은 모두 그 사실을 알고 있었다. 가족들만 여전히 '공부밖에 모르는' 그가 현실적인 일에는 서툴다고 착각할 뿐이었다.

나는 편견을 가지고 있는가?

나는 혹시 판단을 흐리는 편견 때문에 발전하지 못하고 있는 건 아닐까? 다음 질문에 답해 보자.

- ◆ 나의 의견은 고정 관념들에 기초해 있는가 아니면 보다 엄밀하게 개별적인 지식들에 기초해 있는가?
- ◆ 예전에 만난 사람과 비슷한 성향을 지녔다는 이유로 다른 사람을 같은 범주에 넣은 적이 있는가?
- ◆ 나는 줏대 있는 사람인가, 귀가 얇은 사람인가?
- ◆ 상대방의 장점이나 단점을 지나치게 과장하는가?
- ◆ 비판부터 하는가 아니면 먼저 상대방의 입장에서 이해해 보려 하는가?

편견 없는 세상

꼬리표와 편견과 차별. 직접 희생자가 되어 본 적이 없는 사람들에게는 그저 이론적인 말로 여겨질지 모른다. 그러나 우리 모두 언젠가는 편견의 피해자였던 적이 있다. 혹시 멍청하거나 못생겼거나 똑똑하거나 잘났거나 뚱뚱하거나 말랐거나 게으르거나 부지런하다는 이유로 해고된 적은 없는가? 방금 예로 든 것 외에도 무수히 많은 범주들이 있다. 또 우리 모두 언젠가는 가해자였던 적도 있을 것이다. 멍청하거나 못생겼거나 똑똑하거나 잘났거나 뚱뚱하거나 말랐거나 게으르거나 부지런하다는 이유로, 아니면 다른 무수한 범주 중 한 가지 이유로 남을 해고해 본 적은 없는가?

자기 계발 책에서 왜 편견에 대한 이야기를 하는 걸까? 꼬리표, 고정 관념, 편견, 차별 등이 성공을 위해 최선을 다하는 것과 무슨 상관이기에. 먼저 이러한 편견의 희생자는 자신의 최선을 보여 주기가 힘들다. 누군가 장애인에 대한 고정 관념과 편견을 가지고 내 승진이나 선수 생활을 가로막는다면 '나'라는 개인의 성장은 큰 벽에 부딪치는 셈이다.

고정 관념은 우리의 수행 능력에도 미묘하게 영향을 미친다. 대학생들에게 노인에 대한 고정 관념을 담은 단어와 사진을 보여 주었더니 노인처럼 느리게 걷고, 단어 인지 테스트 수행 능력이 떨어졌다는 연구 결과가 있다. 테스트 전에 축구장의 훌리건에 대한 고정 관념을 주입한 학생들은 교수에 대한 고정 관념을 주입한 학생들에 비해 상식 테스트 수행 능력이 떨어졌다. 야한 수영복을 입힌 여성들은 평상복을 입힌 여성들에 비해 까다로운 수학 시험을 잘 치르지 못했다. 그에 비해 남성은 같은 실험에서도 큰 차이를 보이지 않았다.

희생자라면 분명 고정 관념과 편견을 제거하려는 동기가 있겠지만 가해자 쪽은 어떨까? 다른 사람들에게 꼬리표를 붙일 때, 합당한 이유 없이 상대방에게 편견을 가지고 있을 때, 우리는 세계의 일부만을 보는 편협한 세계관을 갖게 된다. 인간은 사회적 동물이고 인생은 단체 경기다. 혼자만 노력해서는 결코 최고가 될 수 없다.

편견으로 세상을 바라보면 당신이 사는 세상은 그럴 수 있고 마땅히 그래야 하는 세상보다 훨씬 좁은 곳이 될 것이다.

나는 편견이 없으면 이 세상이 더 살기 좋은 곳이 될 거라고 확신한다. 그것이 이 장을 쓰게 된 이유다. 물론 편견도 유용할 때가 있을지 모른다. 예컨대 전쟁터에서 싸우고 있는 군인이라면 적에 대해 편견을 가지고 있는 편이 더 나을지도 모른다. 하지만 대다수의 경우 편견은 사회에 해를 끼친다. 암과 장애를 겪은 사람으로서 나는 몸소 그 사실을 경험했다. 내 말을 믿어 주기 바란다. 편견이 없다면 세상은 더 살기 좋아지고 당신도 훨씬 나은 사람이 될 것이다.

편견에 대처하는 자세

유감스럽게도 한 모금
마시면 편견에서 벗어나게 해 주는 마법의 약 따위는 없다. 그리고 앞
에서도 말했다시피 깊숙이 자리 잡은 고정 관념과 편견은 바꾸기가
매우 어렵다. 하지만 그래도 우리가 할 수 있는 일이 몇 가지 있다.

소통하고 관계 맺기

고정 관념과 정면으로 맞서라. 접촉과 소통을 포기하지 마라. 다음
의 시는 장애인이 비장애인과 동반했을 때 사람들이 당사자인 장애
인과 직접 대화하지 않고 비장애인과 대화하는 전형적인 상황을 그
리고 있다. 《눈물의 댐과 웃음의 마일 - 가슴에서 우러난 소박한 시
Weirs of Tears and Miles of Smiles-Simple Poetry from the Heart》에서 저자의 허
락을 얻어 발췌했다.

당신은 이렇게 묻지요.

저분은 차에 설탕을 넣으시나요?

여보세요, 왜 나한테 직접 물어보지 않나요?

내가 장애인일지는 몰라도

나한테 한 질문에 대답하는 데는 아무 하자가 없답니다.

단지 당신처럼 서 있지 않다고

혼자 힘으로 할 수 있는 일이 거의 없다는 뜻은 아니에요.

우리가 환자라고 생각하는 사람들도 있고

좀 더 심한 사람들도 있지요.

글쎄요, 그중에서 나보다 대입 자격시험을 잘 본 사람이 몇이나 될

까요?

장담하건대 별로 없을 걸요!

게다가 나는 우등 학사 학위까지 땄답니다!

사람들은 우리 엄마에게 말을 걸지요.

이 청년이 아드님이신가요?

아드님은 요즘 어떻게 지내나요?

엄마는 대답합니다.

우리 아들은 그렇게 바보가 아니랍니다.

직접 물어보지 그러세요?

ー〈저분은 설탕을 넣으시나요?〉마이클 W. 윌리엄스

공교롭게 나도 차에 설탕을 넣는다. 그리고 아직 '저분은 설탕을 넣으시나요?'와 같은 질문이 주는 모욕감에 익숙해지지 않았을 때 분명 편견이 의사소통의 장벽이 된다는 사실을 경험했다. 사람들은 나에게 장애인이라는 꼬리표를 붙이고 나를 다르게 취급했다.

앉아서 의족을 신고 있다가 누군가 내 머리 위에서 나에 대해 말하는 것을 들을 때도 있었다. 2004년 수영 올림픽 예선에 참가했을

때였다. 한 나이 든 경기 임원이 내 쪽으로 오더니 몸을 돌려 내 옆에 있는 사람에게 물었다. "이 선수는 출전할 준비가 되었나요?" 그 사람은 당황하여 나를 쳐다보았다. 나는 "의족을 달았다고 시력이 나빠지거나 귀가 안 들리거나 지적 능력에 문제가 생기지는 않습니다"라고 말해 주고 싶었지만 그냥 일어서서 "준비가 되었다"고 말하는 것으로 대신했다.

장애인만 이런 일을 겪는 것은 아니다. 여성들도 힘들게 자신의 존재를 알려야 할 때가 많다. 내가 아는 여자 친구가 건축업자들을 불러 일을 시킨 적이 있다. 문제는 그 건축업자들이 친구의 남편과만 이야기하려 든다는 것이었다. 친구가 건축업자들한테 무언가를 설명하려 할 때마다 그들은 그녀를 '예쁜이'니 '귀염둥이'니 하고 부르면서 그녀를 바보 취급했다. 친구가 교양 있는 똑똑한 여성이었는데도 말이다. 친구의 남편을 부를 때는 깍듯이 '선생님'이라 불렀음은 물론이다. 또 남자와 여자가 함께 가게에 들어갔는데 점원이 남자에게만 말을 걸 때가 얼마나 많은가? 우리부터 이런 식으로 행동하지 않도록 조심할 일이다.

공감의 기술

1400년대 유럽의 가톨릭교회는 사실상 비기독교 세계와 교전중이었다. 그 결과 유럽의 군주들에게 이미 기독교인들이 소유한 땅을 제외하고 새롭게 발견한 영토에 대한 소유권을 승인하는 교황의 교서 교황이 공식적으로 발표한 신앙과 교리에 관한 서한들이 쏟아졌다. 콜럼버스가 오늘날의 아이티와 도미니카 공화국인 히스파뇰라까지 여행한 이후 이 '발견자 우선주의'는 교회법에까지 정식으로 기록되었다. 유럽 군대가 아메리카 대륙을 정복하는 데 법적인 근거로 사용된 것도 사실상 발견자 우선주의다.

그로부터 몇 백 년이 지난 1973년 9월, 아메리칸 원주민 출신 활동가 애덤 포추니트 이글이 로마에서 열린 한 국제회의에 초청되었다. 구름같이 몰린 기자들이 레오나르도 다빈치 공항에 도착한 그를 맞았다. 종족의 전통 의상을 갖춰 입은 포추니트 이글은 활주로에 첫발을 내딛으며 "아메리칸 인디언의 이름으로 발견자 우선주의에 의거하여 지금부터 이탈리아라 불리는 이 땅의 소유권을 주장한다"고 선언했다. 포추니트 이글은 누구의 허가로 이탈리아에 대한 권리를 주장한 것일까? 그의 대답은 다음과 같았다.

"콜럼버스는 무슨 권리로 수천 년 동안 이미 다른 사람들이 터를 잡고 살아 온 아메리카 대륙을 발견했다고 주장했는가? 이제 나는 이탈리아에 도착했고 같은 권리로 내가 이 나라를 발견했다고 주장한다."

포추니트 이글의 입장이 되어 보면 아메리칸 인디언들이 콜럼버스가 아메리카를 '발견'했다는 주장이나 콜럼버스의 날을 기념하는 것에 대해 왜 분개하는지 쉽게 이해하게 된다.

누구나 어린아이였을 때 다른 동물이나 사물을 흉내 내 본 경험이 있다. 뱀 흉내를 내며 바닥을 기어가는가 하면 공처럼 굴러도 보

210

고, 나무처럼 팔을 뻗은 채 서 있어도 보았을 것이다. 이제 눈을 감고 서구 사회에서 장애인이나 흑인, 무슬림으로 산다는 것의 어려움을 상상해 보자. 어떤 일들이 당신의 인생에 영향을 끼칠까? 차이점을 인식한다면 유사점도 곧 알게 된다. 당신이 상상하는 사람들이 당신과 똑같은 사람이라는 사실을. 그들도 희망과 절망을 느끼고 선악 사이에서 갈등하며 성공과 실패를 맛본다. 그리고 무엇보다 자기 삶을 살기 위해 노력한다.

　여기까지 생각이 미친다면 공감을 향해 가는 길에 오른 것이다.

자신을 먼저 사랑하라

고정 관념은 다른 사람을 틀에 가둘 뿐 아니라 스스로의 정체성을 제한한다. 남들에게 꼬리표를 붙이는 것처럼 우리는 자기 자신에게도 꼬리표를 붙인다. 빈약한 자존감을 높이기 위해 어떤 집단과 자신을 동일시하기도 한다. 자존감이 낮은 사람들이 더 쉽게 편견에 빠진다는 연구 결과도 있다.

　편견과 고정 관념이 자존감을 높이기 위해 택한 방법이라면 같은 이치로 자존감을 높여 편견을 줄이는 일도 가능하다. 믿기 어렵겠지만 잘할 수 있고, 하고 나면 스스로 뿌듯해지는 일에 집중하는 것만으로 편견을 갖는 경향은 줄어든다.

하늘은 스스로 돕는 자를 돕는다

지금까지 다른 사람들에 대한 고정 관념과 편견을 피하기 위해 취해야 할 행동들을 살펴보았다. 그러나 편견의 희생자가 취할 수 있는 행동도 있다. 잘못은 상대방이 했는데 왜 희생자들이 나서야 하냐고? 옳은 지적이다. 그러나 다른 사람들이 알아서 태도를 바꾸기까지 마냥 기다리고만 있을 수는 없는 노릇이다. 가능한 한 스스로 할 수 있는 일을 해보는 것이 중요하다.

스탠퍼드 대학교의 심리학 교수 제니퍼 에버하트와 프린스턴 대학교의 심리학 교수 수전 피스크는 〈변화를 위한 동기 부여: 행동 목표는 무엇인가?〉라는 글에서 상대방의 전형화에 맞서는 다양한 전략을 제시한다.

◆ 그 집단을 구성하는 다수와의 유사성을 강조하라. 전형화된 타집단의 구성원으로 보일 위험이 줄어든다.

◆ 기회가 있을 때마다 공평함이나 평등과 같은 가치의 중요성을 강조하라. 당신이 속한 집단이 이러한 가치관을 공유하도록 한다. 마찬가지로 이러한 가치를 실천하는 행동은 칭찬과 보상을 주어 강화한다.

◆ 범주화하는 인간의 본성을 이용하여 당신이 원하는 모습으로 당신을 범주화하게 하라. 사람들이 바라보는 당신의 긍정적 측면을 강화하는 전략이다. 당신의 똑똑한 측면을 더 많이 입증하고 더 자주 이야기할수록 사람들이 당신을 그렇게 인식할 가능성이 커진다.

212

◆ 심한 편견에 사로잡힌 사람들을 멀리하라. 주로 자존감이 낮거나 자신 없는 사람들일 가능성이 높다. 또한 당신 자신도 그들의 입장이 되어 보려고 노력함으로써 거꾸로 그들에게 편견을 갖는 일을 피할 수 있음을 명심하라. 그들이 바라보는 당신은 당신의 생각과 다를 수 있다. 같은 행동도 종종 여러 가지로 해석되며, 관점에 따라서는 그 모두가 다 옳아 보이기도 하기 때문이다.

같은 사실을 놓고도 사람들의 반응은 제각각임을 인정할 필요가 있다. 스웨덴의 수도 스톡홀름에서 훤칠한 키의 금발 머리 여성이 혼자 걸어가고 있으면 아무도 뒤돌아보지 않는다. 그러나 같은 여성이 사우디아라비아의 항구 도시 제다를 걷는다면 사람들의 반응은 완전히 다를 것이다.

반바지를 입고 길을 걸어갈 때 내 의족을 쳐다보는 사람들의 시선에는 이미 익숙하다. 하지만 싱가포르의 훈련 캠프에 참석했을 때 그곳 사람들이 보인 반응에는 흠칫할 수밖에 없었다. 내 의족을 더 잘 보려고 길을 건너오는 사람이 있는가 하면 싱가포르의 지하철을 기다리는 동안 내 옆에 웅크리고 앉아 의족을 샅샅이 뜯어본 사람도 있었다. 나와 단 한 번도 눈을 마주치지 않은 채 말이다. 나중에 싱가포르에서는 장애인들이 바깥출입을 잘 하지 않아 사람들과 마주칠 일이 적다는 설명을 듣고서야 그들의 행동이 납득이 가기 시작했다. 비록 불쾌한 기분은 어쩔 수 없었지만.

우리 개개인의 행동은 받아들이는 사람에 따라 매우 다르게 보일 수 있다. 내 인생을 놓고 보아도 내가 매우 집중력 있고 단호하다고 생각하는 사람이 있는 반면 이기적이고 거만하다고 생각하는 사람도 있을지 모른다. 똑같은 행동이 다르게 해석되는 것이다. 사람들은 누구나 – 법의 테두리 안에서 – 자신의 의견을 가질 권리가 있기 때문에 나는 양쪽의 견해를 모두 인정해야 한다. 그들의 생각에 동의하느냐 동의하지 않느냐는 중요하지 않다. 다만 내가 할 일은 최선을 다해 살아가고 그러기 위해 매 순간 올바른 결정을 내리는 것일 뿐이다.

남자들만의 세계에서 여자로 살아가기

나의 명함에는 '페인트칠 겸 실내 장식'이라고 적혀 있다. 내가 주로 하는 일은 실내 장식이지만 타일도 붙이고 선반도 만들고 배선 공사도 하고 바닥도 깔고 시멘트도 배합하고, 한마디로 집 짓는 데 필요한 일은 거의 다 한다.

나는 매일 일터에서 함께 일하는 남자 동료들의 말 속에 숨겨진 어떤 형태의 편견과 성차별의 벽에 부딪친다. 10여 명의 남자들이 빙 둘러서서 툭툭 농담을 내뱉고 주로 여성을 성적으로 비하하는 우스갯소리를 주고받는 건축 현장을 상상해 보라. 내가 그 사이로 걸어 들어가면 남자들은 단지 내가 자신들과 다른 염색체를 가지고 있다는 데, 그리고 내가 페인트 얼룩 투성이의 작업복을 입고 있다는 데 위협을 느낀다. 나를 향한 편견에 맞서고는 있지만 남자들에게만 일을 맡기는 바람에 아직까지 페인트 붓 한 번 잡아 보지 못했다. 여자라는 이유로 나에게는 같은 처지의 남자들보다 훨씬 무거운 부담이 지워진다. 여성의 역할과 일꾼의 역할을 동시에 해야 하는 것이다. 하지만 나는 매일 최선을 다하고 있다. 일로 인정을 받는다면 누가 이러쿵저러쿵하겠는가?

| 페트라 마르켈, 실내 장식가 |

214

세상을 다른 눈으로 보기

나는 자선 사업의 일부로 학교를 방문해 강연을 한다. 타인에게 편견을 갖는 것이 얼마나 해로운 일인지 어린아이들에게 반드시 가르쳐야 한다고 생각하기 때문이다. 암에서 스포츠까지, 장애에서 친구들과의 관계에 이르기까지 주제는 다양하다. 이 책을 마치기 바로 전 해에는 모두 합쳐 약 5만 명의 학생들 앞에서 강연을 했다. 사회 전체의 잘못된 생각을 바꾸기 위해서는 모두가 함께 나서야 한다. 혼자 힘으로 그 일을 할 수 있다고 믿는다면 그야말로 오만한 생각일 것이다. 다만 단 한 명의 아이라도 올바르게 세상을 바라보도록 이끌 수 있다면 그것만으로 노력할 가치는 충분하다.

학교에서 아이들은 나에게 장애를 어떻게 극복했냐고 자주 묻는다. 아이들의 고정 관념을 깨 주기 위해 나는 이렇게 답한다.

"그럼 아저씨가 질문을 하나 할게. 이 교실에서 누가 가장 몸이 불편할까?"

"아저씨요. 아저씨는 다리가 하나밖에 없잖아요." 아이들이 대답한다.

"좋아. 그럼 이 교실에서 누가 가장 수영을 빨리 하지?"

"그것도 아저씨요. 아저씨는 금메달을 땄잖아요."

"그렇지. 그럼 수영장에서 몸이 불편한 사람은 아저씨일까 아니

215

면 너희들일까?"

고개를 갸웃거리며 이 말을 이해하려 애쓰는 아이들의 모습을 떠올려 보라. 내가 아이들에게 전하고 싶었던 핵심은 장애는 상대적이라는 것이다.

누구라도 자신에게 가능한 범위의 일과 불가능한 범위의 일이 있다. 수영을 예로 들면 나의 능력치는 '가능' 쪽에 가 있다. 하지만 맞춤법에서는 '불가능' 또는 '장애' 쪽에 가깝다. 장애로 어떤 일을 못한다고 해서 다른 일도 못하리라는 법은 없다.

가끔은 내가 무슨 이야기를 하려고 하는지 깨달은 아이들이 깜짝 선물을 하는 경우가 있다. 아래의 글은 미들즈버러의 한 학교에서 여덟 살짜리 여자아이가 종이쪽지에 써서 건네 준 글이다. 아이들은 때로 어른들보다 훨씬 쉽게 핵심을 이해한다.

어느 화창한 날 아침 킴벌리는 잠자리에서 일어났습니다. 킴벌리는 걸을 수 없었어요. 킴벌리는 어린아이였습니다. 아빠가 옆에서 모든 걸 도와주셨습니다. 킴벌리는 크게 기지개를 켜고 침대 옆에 있는 작은 벨을 울려 아빠를 불렀습니다. 아빠가 갈아입을 옷을 가지고 오셨어요. 아빠는 말씀하셨습니다.
"오늘은 수영장에 갈까?"
킴벌리는 미들즈버러에서 에스턴으로 막 이사를 왔습니다.
"야호, 신난다!"
아빠는 킴벌리가 옷 입는 것을 도와주고 휠체어에 태우셨습니다. 그리고 아침을 먹었습니다. 킴벌리는 에스턴 수영장이 처음이었어요.

아빠와 킴벌리는 수영복을 입고 수영장에 들어섰습니다. 누군가 낄낄거리며 "야! 바보야! 걷지도 못한대요!" 하고 놀렸습니다.

킴벌리는 울기 시작했지만 아빠가 "울지 마라. 수영하다보면 다 잊을 거야"라고 말씀해 주셨습니다.

킴벌리는 걷지 못했지만 수영은 아주 잘했어요. 아까 킴벌리를 놀렸던 남자아이는 수영을 할 줄 몰라 물 밖에서 구경만 하고 있었습니다. 물 밖으로 얼굴을 내민 킴벌리와 가만히 앉아 있던 남자아이의 눈이 딱 마주쳤습니다. 남자아이는 완전히 얼빠진 모습이었습니다. 마치 무슨 할 말이 있는 것처럼 입술만 달싹거렸어요. 킴벌리가 깔깔 웃으며 남자아이를 놀렸습니다.

"하하, 누가 더 바보인지 말해 보시지?"

남자아이는 아무 말도 못하고 그저 바라만 볼 뿐이었습니다. 킴벌리와 아빠는 집으로 돌아갔습니다. 그 후로 에스턴 수영장에서 킴벌리를 놀리는 사람은 아무도 없었습니다.

― 제시카 데니슨(8세), 팰리스터 파크 초등학교

10

★

성공의 모습을 그려라

★

세상을 지배하기보다 먼저 자신을 지배하라.
이것을 깨닫는 자가 권력을 얻는다.

| 마르쿠스 아우렐리우스, 로마제국의 제16대 황제 |

인간은 자기 생각의 산물이다.
인간은 결국 자신이 생각한 모습대로 된다.

| 마하트마 간디, 인도의 민족 운동 지도자 |

행운의 조각

올림픽 선수촌의 시설이 좋은지 나쁜 지를 따질 때 운동선수가 가장 먼저 고려할 사항에는 세 가지가 있다. 밤에 숙면을 취할 환경이 갖춰져 있는가? 내게 맞는 식사가 제공되는가? 경기장에서 가깝고 교통이 편리한가? 이 세 가지 조건이 충족되면 운동선수들은 보통 관심을 편의 시설에 돌린다. 시합 날짜를 기다리며 시간을 보낼 때 이런 시설들을 이용하는데, 일단 자기 시합 일정이 모두 끝나면 이용률은 더욱 급등한다.

바르셀로나의 올림픽 선수촌은 모든 면에서 환상적이었다. 숙소는 편안했고 식당에서는 전 세계에서 온 선수들의 입맛을 만족시키는 요리들이 24시간 제공되었다. 교통도 아주 편리했다. 하지만 대회 출전 경험이 많은 선수들이 아직도 이곳을 최고의 올림픽 선수촌으로 꼽는 데는 이유가 있었다. 바로 바르셀로나만의 편의 시설이었다. 바르셀로나에는 대회를 앞두고 긴장한 선수들이 갈 만한 곳이 많았다. 영화관, 카페, 200미터 길이의 자동차 경주 게임용 트랙이 있는 게임장과 볼링장 등등. 그러나 무엇보다 압권은 선수단 전용의 개인 해변이었다.

바르셀로나 패럴림픽에서 나의 시합 일정은 100미터 배영 종목으로 끝이 났다. 그래서 룸메이트 폴 노블이 한창 200미터 개인 혼영 시합 중이던 어느 날 아침, 나는 자외선 차단제를 챙겨서 해변으

220

로 나갔다. 이번 대회를 곱씹어 보고 앞으로의 계획을 구상하기 위해서였다. 바르셀로나의 여름은 더할 나위 없이 화창했고 느긋하게 몇 시간 동안 파도 소리를 들으며 프랭크 게리의 거대한 금속 물고기 조각을 보고 탄성을 지르는 사람들을 구경하다가 식당에 들러 숙소로 돌아왔다.

숙소로 돌아온 나는 눈앞에 펼쳐진 광경을 보고 내 눈을 의심했다. 방 안은 온통 뒤죽박죽이었다. 서랍 안의 물건은 전부 바닥에 쏟아져 있고 옷장 안의 내용물도 다 밖으로 나와 있었다. 그리고 폴이 그 난장판 속을 미친 듯 헤집고 있었다.

"도대체 이게 무슨 일이야?" 도둑이라도 든 게 틀림없다고 생각했다.

"없어졌어!" 폴은 외쳤다. 미친 사람 같은 목소리로 보아 무언가 잃어 버리긴 한 게 틀림없었다.

"뭐가 없어졌는데?"

"내 피자 가방"

"뭐라고?"

"내 행운의 피자 가방이 없어졌다고!"

행운의 피자 가방과 얽힌 이야기는 이랬다. 몇 년 전 폴은 비닐 가방에 든 피자를 배달시켜 먹었다. 이튿날 그 피자 가방에 수영 용구들을 넣고 시합에 나갔는데 몹시 성적이 좋았다. 그때부터 그는 모든 시합에 그 가방을 가지고 다녔다. 그날 저녁에도 결승 시합이 있었는데 행운의 피자 가방이 사라진 것이다.

나는 그를 한 번 처다보고 아까 해변에 갈 때 자외선 차단제를 넣었던 가방을 내려다보았다. 옆에 선명하게 '피자 신속 배달'이라는 글자가 보였다. 이런.

"혹시 이거 아니야?"

천만다행으로 폴은 가방을 찾았다는 사실에 안도하여 나를 크게 원망하지 않았다. 진정하기까지 한참 시간이 걸렸지만 마침내 마음을 가라앉혔다. 그날 저녁 폴은 자기 인생 최고의 시합을 했고, 0.03초 차이로 금메달을 목에 걸었다.

폴이 금메달을 딴 것은 정말 피자 가방 때문이었을까? 개인적으로 나는 패럴림픽을 준비하며 열심히 훈련한 것이 더 승리의 원인에 가깝다고 생각한다. 그렇다면 피자 가방은 그에게 자신감을 더해 주는 역할을 했을까? 만일 폴이 피자 가방을 찾지 못했다면 마음이 흔들려 우승을 놓칠 수도 있었을까?

무엇이 종이 한 장의 차이를 만드는가?

앞서 내가 소개한 목표 설정, 팀워크, 동기 부여, 의사소통, 최고가 되려는 열정 들은 당신을 성공으로 이끌 것이다. 아마 효과는 당신이 상상한 그 이상이리라. 하지만 그것에 만족해 멈추어서는 안 된다. 언제나 최고와 최고가 아닌 것을 가르는 '종이 한 장의 차이'가 있기 때문이다.

완벽주의 성향이 있는 사람들은 이 종이 한 장의 차이를 위해 한 방울이라도 더 피땀을 흘려야 한다는 사실을 잘 알고 있으리라. 프로 스포츠의 세계에서 이 종이 한 장의 차이는 준수한 기록과 개인 최고 기록의 차이고, 직장에서는 그저 통과되는 프레젠테이션과 탁월한 프레젠테이션의 차이며, 입사 지원 시에는 채용 거절 편지와 2차 면접 통보를 가르는 차이다.

그렇다면 남들보다 한 발짝 앞서게 하는 이 종이 한 장의 차이는 과연 무엇일까? 몸 상태를 최상으로 끌어올리는 생리적인 요인이거나, 정신적으로 우위에 서게 하는 심리적 요인이거나, 양쪽 모두일 가능성도 있다.

불법적인 수단에 호소하는 사람들도 있다. 1988년 서울 올림픽 남자 육상 100미터 종목에서 벤 존슨이 9초 79의 기록으로 금메달을 따던 장면을 기억하는가? 하지만 곧 아나볼릭 스테로이드의 일종인 금지 약물 스태노조롤을 사용한 사실이 발각되어 결국 금메달을 박탈당했다. 하지만 약물에 의지하지 않고도 자신의 한계를 뛰어넘는 방법이 있다. 불법도 아니고 건강을 해치지도 않으며 혼자서 또는 타인의 도움을 받아 사용할 수 있는 여러 기술들이 있다. 일부는 쉽게 믿기지 않겠지만 해보지도 않고 안 된다고 속단하지 말기 바란다. 해로울 것도 없고 불법도 아니라면 시도해서 손해 볼 건 없지 않겠는가? 아무 소득이 없다 해도 약간의 시간과 품을 제외하고는 잃을 것이 없으니 말이다. 반대로 도움이 되는 경우라면 더 말할 것도 없다.

종이 한 장의 차이를 만드는 비법

이 종이 한 장의 차이를 이끌어내는 비법들에는 무엇이 있을까? 최고의 성과를 올릴 수 있도록 몰입하는 비법 말이다.

상식적인 비법도 있지만 다소 이상해 보이는 비법도 있다. 행운의 부적 같은 것이 좋은 예다. 폴도 수영 시합에서 부적의 효과를 보았고 그 외에도 부적의 덕을 본 사람들은 제법 많다. 부적이 직접적으로 좋은 결과를 가져온다기보다는 그것으로 마음이 안정되고 긴장을 풀 수 있기 때문에 좋은 결과를 이끌어내는 효과가 있다.

자기 대화self-talk를 통해 불신과 불안을 없애고 스스로에게 용기를 북돋아 주는 것도 좋은 방법이 된다. 몸과 마음에 건네는 말은 상상을 초월할 정도로 굉장한 힘을 갖고 있다. 반복해서 자신의 신념이나 희망 사항을 스스로에게 이야기해 보아라. 놀라운 결과를 얻을 수 있을 것이다. 이와 비슷한 방법으로 시각화 요법이 있다. 성공한 미래의 자기 모습을 그려 보거나 시합이나 공연 전 나만의 특별한 의식ritual으로 행동을 준비할 수 있다.

여기서 소개하는 비법들은 전체 중의 극히 일부이다. 모든 비법들을 모아 놓지도 않았고 이 비법들을 직접 다 시험해 보지도 않았지만 각각의 방법을 사용해 효과를 본 사람들은 알고 있다. 당신에게도 효력이 있을지 궁금하다면 시험해 보기 바란다.

자기 대화와 긍정적 자기 암시

자기 대화와 긍정적 자기 암시라는 테크닉을 활용하면 자신감 상실을 극복하고 정신적 압박이 큰 상황에서도 침착함을 유지하며 성과를 높이는 데 도움이 된다. 긍정적 자기 암시는 자신에 대한 매우 긍정적인 말들을 읽거나 크게 말하여 자신감을 북돋우는 방법으로 심박 수가 줄어들고 혈압이 안정되는 효과가 있다.

긍정적 자기 암시를 가장 효과적으로 활용한 사람은 권투 선수 무하마드 알리다. 그는 세계적인 선수가 되기 한참 전인 무명 시절부터 항상 "나는 세계 최고다!"라고 외치고 다녔다. 자기 대화는 자기 암시와 비슷하지만 혼자 속으로 되뇌는 것이다. 사람들은 가끔 자기 자신과 내적인 대화를 나눈다. 그 대화가 긍정적이면 자존감과 자신에 대한 신뢰가 한층 깊어진다.

핵심은 긍정적인 자세를 견지하는 것이다. 예를 들어 부정적인 자기 대화는 성공보다 실패를 가져오기 쉽다. 스스로에게 "나는 쓸모없어" "난 할 수 없어" "난 멍청해"라고 말하면 자존감을 좀먹는 이런 말들이 마치 예언처럼 현실이 되기도 한다. 마찬가지로 남들에게 이런 말을 하는 것 역시 그들의 자존감에 상처를 입히는 일이다. 자존감과 자신에 대한 신뢰를 높이려면 자기 자신에게도 남들에게도 긍정적인 말을 하라. 면접을 앞두고 있다면 나는 훌륭한 지원자고 회사가 요구하는 지식과 기술을 갖추고 있으며 장차 회사의 보물이 될 거라고 스스로에게 주문을 걸어라.

225

조직에서는 팀원들의 자존감을 북돋아야 한다. 자존감이 낮은 팀원은 전형적으로 남을 짓밟고 자신이 돋보이려 한다. 거만하고 타인을 업신여기는 태도를 자주 보이며, 오로지 자신의 이익만을 생각하고, 상황이 나빠지면 잽싸게 다른 사람들을 탓하며 발뺌을 한다. 자존감이 높고 긍정적인 사고를 하는 팀원은 보다 건설적이고 책임감이 있으며 믿음직스럽다.

나 역시 자기 대화와 긍정적 자기 암시를 통해 효과를 보곤 한다. 얼마 전 한 번 실패한 적이 있는 고난이도의 암벽 코스에 재도전한 일이 있다. 대략 3분의 2쯤 올라 예전 추락 지점에 다다랐을 때 발은 간신히 작은 디딤판 몇 개를 딛고 있었고 왼손은 어정쩡한 곳을 잡고 있었다. 나는 안전을 확보하기 위해 오른손으로 암벽에 설치되어 있는 볼트에 로프를 걸었다. 로프를 손에 쥐면서 나는 스스로에게 되풀이해 말했다. "나는 할 수 있다. 나는 할 수 있다. 나는 할 수 있다." 이런 주문에 힘입어 끝까지 집중력과 침착함을 유지했고 마침내 정상에 오를 수 있었다.

상상을 현실로 만드는 기술

간절히 열망하면 이루어진다. 자기 대화 및 긍정적 자기 암시의 원리와 비슷한 '상상을 현실로 만드는 기술'의 원리를 한마디로 정의하자면 이렇다. 그리스 신화에서 피그말리온은 자신이 조각한 여인상을 진심으로 사랑하여 결국 그 사랑을 이루었다. 그의 간절한 기도에 감동한 비너스 여신이 조각상에 생명을 준 것이다.

잘 웃는 사람이 되고 싶은가? 시간과 노력을 들여 웃는 표정을 연습하라. 무의식중에도 자연스럽게 웃게 되고 덤으로 행복한 기분까지 느끼게 될 것이다. 웃음은 전염되기 때문에 내가 웃으면 다른 사람도 웃게 된다.

무하마드 알리는 자신이 세계 최고라고 외치고 다니는 이유를 이렇게 설명했다. "내가 계속 그렇게 말하고 다니면 세상 사람들도 언젠가는 날 최고로 인정해 주리라고 믿었다."

긍정적인 마음 자세가 중요하지만 현실에는 마음만으로 되지 않는 일도 많다. 복권에 당첨될 거라고 사방에 말하고 다니면 정말 당첨이 될까? 그렇지는 않다. 반면에 사람들에게 나를 열정적인 사람으로 인식시키면 그들이 나를 그렇게 믿어 줄 가능성이 있다. 실제로는 사실이 아니라 해도 말이다. 이렇게 '상상을 현실로 만드는' 기술을 통해 당신에 대한 사람들의 인식을 긍정적으로 바꿀 수 있고 바뀐 사람들의 인식은 또 당신의 긍정적인 모습을 더욱 강화한다. 실제로 내 주변의 몇몇 사람들이 이런 일을 직접 경험하고 알려 주었다. 우리가 알고 있는 리더들 중에도 자신이 리더라고 말하고 다니다가 정말 리더가 된 사람들이 제법 많다.

웃으면 복이 온다

감정이라는 주제를 놓고 심리학자들은 뜨거운 논쟁을 벌인다. 먼저 감정의 원인은 무엇일까? 1884년 미국의 심리학자 윌리엄 제임스와 덴마크의 심리학자 칼 랑게는 미소를 짓거나 찌푸리거나 우는 감정의 신호들이 감정의 산물이 아니라 원인이라는 독창적인 이론을 발표했다. 그들의 이론에 따르면 웃기 때문에 행복해지고 울기 때문에 슬퍼진다.

만일 이들의 '안면 피드백 이론'이 사실이라면 더 많이 웃을 수록 더 행복해지는 셈이다. 독일의 심리학자 프리츠 스트랙은 한 실험에서 참가자들에게 펜을 입에 물고 만화를 보게 했다. 이때 한 집단의 사람들에게는 입술로 펜을 물게 하고 다른 집단의 사람들에게는 치아로 펜을 물게 했다. 실험 결과 입술로 펜을 물어 웃지 못한 사람들은 치아로 펜을 물어 웃을 수 있었던 사람들보다 만화가 덜 재미있다고 느꼈다.

시각화 요법

눈을 뜬 나는 한기를 느끼고 잠깐 몸을 부르르 떤다. 침실에 있는 에어컨이 느지막한 오후 조지아 주의 열기를 식히고 있다. 이를 닦고 운동복을 입은 나는 챙겨 두었던 수영 용구 가방을 집어 들고 언덕 위의 수영장까지 걸어간다. 즐겨 마시는 파란색 파워에이드를 홀짝이며…… 워밍업을 마치고 선수 대기실로 향한다. 세계 선수권 대회와 유럽 선수권 대회에서 단골로 마주치는 얼굴들이 눈에 띄고 간간이 몇몇 새로운 얼굴들도 보인다. 우리가 수영장 가장자리로 나가자 관중들이 함성을 지르기 시작한다. 출발대 위에 서자 발바닥 밑으로 딱딱한 감촉이 느껴진다. 관중들은 숨을 죽이고 출발 신호가 울리며 경주가 시작된다. 처음에는 힘을 조절하면서 스트로크를 기술적으로 점검해 본다. 모두 완벽하다. 반환점에서의 턴 동작도 나무랄 데가 없다. 터치 패드를 찍고 내가 우승했다는 사실을 확인한 뒤 허공으로 주먹을 치켜든다. 그날 밤은 이불을 머리 위로 덮어쓰고 모처럼 단잠에 빠진다. 자명종은 벌써 아침 훈련 시간에 울리도록 맞추어져 있다.

이상은 애틀랜타 패럴림픽을 1년 앞두고 매일 밤 잠들기 전에 시각화했던 경기 모습이다. 나는 세세한 부분까지 놓치지 않았다. 수영장 가장자리로 걸어 나갈 때의 기분은 어떨까? 출발대에 서서는 무슨 생각을 할까? 발바닥에 느껴지는 출발대의 감촉은 어떨까? 출발 동작과 터치 패드를 찍는 동작 그리고 그 사이의 모든 스트로크 동작까지를 일일이 떠올렸다.

그 효과는 놀라울 정도였다. 앞으로 하게 될 일사불란한 경험을 반복해서 규칙적으로 시각화하면 실전의 순간에 정신적으로 대비하는 데 커다란 도움이 된다. 첫 시합을 1주일 앞두고 처음 출발대에 섰을 때 마치 수백 번은 이 자리에 있었던 것 같은 기분이 들었다. 덕분에 나는 주변에서 일어나는 일들에 주의가 흩어지는 일 없이 눈앞의 시합에 더 집중하게 되었다. 수천 명의 관중들이 보고 있고 수백만 명이 텔레비전으로 시청하고 있다는 사실조차 의식하지 못했다.

이러한 시각화 요법은 보통 운동선수들이 자주 사용하며 성공적으로 마쳐야 하는 임무에 정신을 집중하는 데 쓰인다. 어려운 임무에 적응하는 가장 효과적인 방법이기도 하다. 세계 최초로 에베레스트를 정복한 에드먼드 힐러리 경은 실제로 산을 오르기 전에 이미 마음속으로 수없이 에베레스트 산을 올랐다고 한다. 중요한 일을 성공시키고 싶다면 시각화 요법을 사용하라. 당신이 하게 될 일들을 순서대로 빠짐없이 상상하고 무엇을 보고, 무엇을 느끼고, 무슨 생각을 하게 될지를 상상하라. 물론 긍정적인 결과를 떠올리는 것도 잊지 말아야 한다.

시각화의 놀라운 기술

동기 부여를 할 때 나는 시각적 도구의 도움을 받는다. 가끔은 너무 지쳐서 시각화와 같은 고차적인 방법들을 사용하기가 버거울 때가 있다. 특히 시합 전날 밤이 그러한데 그럴 때 나는 수영하는 모습을 찍은 사진들을 본다. 특히 우승했던 때의 사진들은 당시의 멋진 기분과 경기 감각을 되새기게 해 준다. 시합 직전에는 동기 부여가 되는 단어나 구절들을 플래시 카드에 적어 틈틈이 보곤 한다.

| 조지나 리, 전 영국 국가대표 수영 선수 |

최면

최면의 세계는 놀랍다. 최면으로 심리 치유를 하기도 하고, 다이어트나 금연의 효과를 보기도 한다. 내 주변에도 갖은 방법을 다 쓰고도 금연에 실패했다가 최면 치료를 한 차례 받고 당장 담배를 끊은 사람들이 많다.

최면의 원리는 긴장을 푼 상태에서 사람을 암시에 걸리기 쉬운 상태, 즉 피암시성이 높은 상태로 이끄는 것이다. 나와 함께 대표선수 생활을 했던 길스 롱은 금메달을 따기 위해 최면을 통한 정신 치료를 받았다. 최면을 택한 이유는 스스로 자기 능력의 최대치를 기울이는 일을 점점 두려워하고 있다고 느꼈기 때문이었다. 신체적 한계를 극복하는 일은 매우 고통스럽다. 수년 동안 현역 수영 선수로 활동하며 단조로운 훈련과 시합에 익숙해진 그는 어느새 자신이 타성에 젖어 있으며 심리적 장벽 때문에 마지막 부족한 2퍼센트를 채우지 못한다는 사실을 깨달았다. 비록 신체적으로는 아무 문제가 없었지만 그렇다고 패럴림픽 대회가 열릴 때까지 가만히 있을 수는 없었다.

길스는 최면 전문가를 찾아갔다. 그는 최면을 통해 길스의 무의식이 "힘이여 솟아라!" 라는 특정한 문장에 반응하도록 했다. 이 문장을 외우면 자동적으로 신체의 힘이 회복되는 느낌이 들게 한 것이다. 길스는 시드니 패럴림픽 접영 100미터 종목의 마지막 20미터 구간을 지날 때 이 문장을 외웠고 덕분에 경기 막판에 집중력과 속도와 힘을 되찾았다. 결과는 놀랍게도 금메달이었다.

나만의 의식을 행하라

세계적인 수준의 운동선수나 예술가들은 시합이나 공연을 하기 전에 특별한 의식을 행한다. 무대에 나가기 전에 꼭 간단한 회의를 거치는 것, 어떤 용구를 먼저 걸치고 어떤 음식을 어떤 순서로 먹을지 하나하나 미리 정하는 것, 탈의실에서 항상 맨 먼저 또는 가장 나중에 나오는 것 등이 모두 특별한 의식의 하나이다.

영국의 럭비 선수 존 윌킨슨은 경기 전에 항상 면도를 하고 샤워를 한 뒤 '심리적 시연'을 돕는 CD를 듣는다. 심리적 시연이란 수행할 기술의 가장 성공적인 장면을 실제 장면과 같이 생생하게 그려 보는 것을 말한다. 실행 전 의식은 또한 긍정적 자기 암시 및 시각화 요법과 관련되어 있다. 다른 성공적인 운동선수들도 나름대로 자기만의 의식을 치른다. 미국의 유명한 야구 선수 웨이드 보그스는 시합이 있을 때마다 오후 2시면 어김없이 프라이드치킨을 먹었다. 농구 슈퍼스타 마이클 조던은 시카고 불스 유니폼 밑에 '행운의' 반바지를 입곤 했다. 널리 알려진 운동선수들의 예를 소개했지만 꼭 유명한 운동선수가 아니더라도 이 방법을 사용해 중요한 일에 대비할 수 있다. 일반인들도 실행 전 의식을 통해 효과를 볼 수 있는데, 특히 자주 하는 활동인 경우 그 효과는 배가 된다.

예전에 병원 예약 시간을 기다리다가 어머니와 셰필드의 쇼핑센터에 들른 적이 있다. 막 화학 요법 치료를 시작했을 때였다. 영국에서 무상 의료 서비스를 받는다는 것은 예약을 해 놓고 하염없이 기

232

다리는 시간이 많아짐을 뜻한다. 그래서 나와 어머니는 무료한 시간을 달래기 위해 종종 쇼핑센터를 구경하곤 했다. 그날도 쇼핑센터를 구경하고 있는데 어머니가 티셔츠를 하나 사 주셨다. 공을 치려고 몸을 날리는 테니스 선수와 점수판이 그려져 있는 티셔츠였다.

다음 치료를 받으러 갔을 때 나는 그 티셔츠를 입고 있었다. 나를 담당한 의료진들 중의 한 분인 윌리스 박사님이 병실로 들어왔다.

"어디 그 티셔츠 좀 제대로 볼까, 마크." 박사님이 말했다. 나는 그림이 잘 보이도록 똑바로 앉았다.

"멋지구나. 끝까지 포기하지 않는 정신이 담겨 있어."

나는 이기려고 혼신의 힘을 다하는 남자의 그림을 다시 내려다보며 밑에 쓰인 점수를 자세히 살펴보았다. 40대 0, 40대 15, 40대 30으로 격차를 점점 좁혀 가다가 마침내 듀스테니스에서 승패를 결정하는 마지막 한 점을 남겨 놓고 동점을 이루는 일까지 만들어 내고 있었다! 마음 저 깊은 곳에서는 이미 내가 싸우고 있음을 알고 있었지만 박사님의 말을 계기로 그 싸움은 현실이 되었다. 나는 나만의 특별한 의식을 만들었다. 화학 요법 치료가 있는 날에는 항상 암과의 싸움을 상징하는 그 옷을 입고 나간 것이다.

나만의 의식을 통해 이기는 마음 자세를 얻을 수 있고 성공으로 향하는 탄탄대로에 걸음을 내딛을 수 있다. 하지만 이것만은 기억하라. 나만의 의식을 선택할 때는 반드시 언제나 완수될 수 있는 의식을 택해야 한다. 만에 하나 의식을 완수하지 못하는 일이 생기면 마음이 흔들리면서 오히려 실행에 부정적인 영향을 미치게 되기 때문이다. 또 실행 전 의식에 너무 큰 중요성을 두지 않도록 주의하라. 휴일에 놀러 가기 전에 가스나 전기 제품을 껐는지 확인하러 되돌아간 적이 있는가? 병균이 묻을까봐 공중 화장실의 손잡이나 수도꼭지를 만지지 못하는가? 물건들을 일렬로 또는 특정한 패턴으로 놓거나 어떤 일을 특정한 순서대로 해야 직성이 풀리는가? 이런 행동의 정도가 심하다면 강박 신경증을 의심해 보아야 한다. 강박 신경증 환자들은 이런 의식 때문에 삶을 포기하기도 한다. 주객이 전도되는 일이 없도록 주의가 필요하다.

연습하기

물론 연습이 별다른 비법은 아니지만 올바른 자세로 연습하는 것은 성공하는 데 무엇보다 중요하다. 흔히 부모님이나 선생님, 코치 들은 별 생각 없이 "연습이 완벽을 만든다"고 말한다. 대체로 보면 맞는 말이지만 반드시 올바른 방법으로 연습해야 한다는 전제가 있다. 부정확하고 잘못된 연습을 적당히 하다가는 완벽은커녕 완벽 근처에도 갈 수 없다. 그런 식으로 연습한다면 부담이 큰 실전에서도 연습과 똑같은 잘못을 범할 가능성이 있다. 따라서 이렇게 말하는 편이 더 정확하리라. "완벽한 연습이 완벽을 만든다."

　1996년의 시합 장면을 녹화한 비디오테이프를 보면서 코치와 나는 턴 동작을 바꿀 필요가 있음을 알았다. 반환점에서 벽에 좀 더 바싹 붙어 더 힘차고 빠르게 회전해야 했다. 매일 연습 시간에 나는 턴 동작을 바꾸는 데 집중했다. 턴이 잘 되지 않으면 당장 제자리로 돌아가 완벽해질 때까지 몇 번이고 다시 되풀이했다.

은퇴하기 불과 6개월 전, 서른다섯의 나이로 개인 최고 기록을 경신할 수 있었던 것은 이러한 태도로 훈련과 준비에 임한 까닭이었다.

긴장 완화 기술

흔히 마음과 몸의 긴장을 느슨하게 하는 것만으로 실제 수행 능력에 긍정적인 영향을 미칠 때가 있다. 회의를 진행하거나 프레젠테이션을 할 때, 사람들을 초대해 놓고 저녁 식사를 준비할 때, 그리고 올림픽 금메달에 도전할 때도 마찬가지다.

옷을 느슨히 풀거나 긴장을 푸는 호흡을 하는 간단한 방법들도 도움이 되며 심신을 이완시키기 위해 고안된 다양한 요가 자세들을 배워도 좋다. 원래 영적 성장을 도모하기 위한 수단이었던 명상은 이제 일상의 번잡함에서 벗어나는 수단으로 널리 각광받고 있다. 강력한 심부 조직 마사지나 보다 부드러운 아로마 테라피 마사지는 신체와 정신을 모두 새롭게 한다.

시합이 있는 날이면 나는 워밍업 전에 조용한 장소를 찾아가 가만히 다가올 시합을 생각하는 시간을 가졌다. 특히 이때는 의식적으로 요가 시간에 배운 '용의 호흡' 또는 '우자이 Ujjayi' 라 알려진 호흡법을 사용하여 긴장을 풀었다. '우자이 호흡'은 '승리 호흡' 이

라는 뜻으로 성대 사이에 있는 좁은 틈을 반쯤 닫고 코로 쉬는 숨을
말한다. 이 호흡법은 특히 이완의 효과가 있어 긴장을 풀고 집중할
필요가 있을 때 큰 도움이 되었다.

긴장을 풀어야 집중력이 높아진다

몇 년 전에 배워 둔 긴장을 푸는 기술은 이제 내가 수영장에서
최고의 성적을 내는 과정에 없어서는 안 될 일부가 되었다. '긴
장 완화의 기술'이라는 말에는 오해의 소지가 있다. 시합을 앞두
고 불안을 가라앉힐 때는 물론 실전에 대비하여 너무 느슨해진
마음을 추스를 때도 이 기술을 사용하기 때문이다. '집중의 기
술'이라는 표현이 더 정확할 듯하다.

아쉽게도 운전이나 다림질과 병행할 수 있는 기술은 아니다.
이 기술을 시도할 때는 한 가지에만 온전히 집중해야 한다. 시간
은 10분 정도밖에 안 걸린다.

가장 먼저 자신이 좋아하는 음악 중에서 아주 느리고 조용한
음악을 고른다. 편하게 누울 수 있는 어둡고 조용한 장소를 찾아
음악을 튼다. 신발을 벗고 1분이나 2분 정도 가만히 누워서 발레
리나처럼 발가락 끝에 힘을 주고 20~30초 뒤에 힘을 뺀다. 다
음에는 주먹을 최대한 세게 쥐고 20~30초 뒤에 힘을 뺀다. 잠
시 쉬었다가 복식 호흡으로 최대한 배를 부풀려 횡격막을 위로
밀어 올린다. 참을 수 없을 때까지 최대한 숨을 들이마셔라. 마찬
가지로 20~30초 뒤에 힘을 뺀다. 다음에는 이 세 가지 동작을
동시에 20~30초 동안 한 뒤 힘을 뺀다. 여기까지는 신체적 긴
장을 푸는 과정이었다.

다음은 마음의 긴장을 푸는 과정으로 아주 간단하다. 자신이
가장 좋아하는 장소에 있다고 상상하라. 나의 경우는 언제나 해

변을 떠올린다. 그리고 당신이 깃털처럼 가볍다고 상상하라. 나는 모래에 빠지지도 않고 모래 위에 발자국을 남기지도 않은 채 사뿐히 서서 따뜻하고 부드러운 모래의 감촉을 즐기고 있는 내 모습을 상상한다. 여기서 주의할 점은 상상의 세계에 조용히 빠져들되 잠들어 버려서는 안 된다는 점이다. 자신에게 집중하는 것이 목적임을 명심하라. 3분 정도 이 상태를 유지하다가 눈을 뜨고 천천히 일어나라. 아마 불필요한 긴장은 없어지고 더욱 집중력 있고 정확해진 자신을 느끼게 될 것이다.

| 길스 롱, 패럴림픽 영국 국가대표 수영 선수 |

심리적 저항 극복하기

지금까지 설명한 비법들에 심리적 저항을 느끼는 사람들도 있을 것이다. 어떤 사람은 너무 자의식이 강해서, 어떤 사람은 회의주의자이거나 완고해서 자신만의 방식을 고집한다.

나도 과거에는 그랬다. 여기서 소개한 기술들과 미처 소개하지 못한 기술들 중 일부는 얼핏 의심스러워 보일지도 모른다. 그러나 '종이 한 장의 차이'를 낳는 비법을 원한다면 누구나 사용하는 방법은 물론 다소 실험적인 방법도 시도할 필요가 있다. 새로운 생각들을 열린 마음으로 받아들여라. 특히 그 방법을 사용해서 성공한 사람들이 있는 경우는 더욱. 당장 오늘부터 이 비법들을 일상에 적용할 생각이 있는 사람들은 다음의 주의 사항을 눈여겨보자.

- 부정적인 자기 대화와 자기 암시를 삼가라. 긍정적인 측면에 충실해야 한다.
- 어느 특정 기술에 지나치게 의존하지 마라. 이 기술들은 당신의 능력을 뒷받침할 뿐 그 자체로 중요한 것은 아니다.
- 자신에게 맞는 기술을 택하고 맞지 않는 기술은 버려라.

마지막으로 이러한 기술들을 수행 능력을 높이는 도구로 사용할 수 있고, 사용해야 하지만 올바른 때와 장소가 있음을 기억하자. 간

238

혹 이러한 도구들에 집착하는 사람들이 있고 그 정도가 지나쳐 정상적인 생활을 하지 못하는 경우도 있다. 이러한 사람들은 이미 도구를 사용하는 것이 아니라 도구에 끌려 다닌다고 말해야 할 것이다.

평범한 사람들의 평범하지 않은 인생

스코틀랜드 북동부에서 자라난 에블린 글레니는 음악을 무척 좋아했다. 어릴 때부터 클라리넷과 하모니카를 연주했지만 여덟 살 때 청각 장애를 겪으며 음악가의 꿈도 꺾이는 듯했다. 열두 살 때는 완전히 청각을 상실했다. 그러나 글레니는 굴하지 않고 연주하는 악기를 스네어 드럼으로 바꾸었다. 훈련을 통해 그녀는 몸으로 진동을 느끼는 법을 배웠고 그 진동의 크기에 따른 음의 높낮이를 구분하게 되었다. 그녀는 퍼커션 연주자가 되기로 결심했다.

오늘날 글레니는 세계에서 가장 유명한 퍼커션 연주자 가운데 하나이며 공연과 음반 수입만으로 연주 생활을 하는 최초의 퍼커션 독주자이다. 1년에만 100회가 넘는 공연을 하며 영국의 아카데미로 불리는 바프타상과 그래미상을 비롯한 수많은 상을 탔고 음악계에 공헌한 공로로 대영제국 훈장을 수여받았다.

지금은 온 힘을 다할 때

뉴질랜드에서 7년 동안 스포츠 심리학자로 일하던 내가 갑자기 요트 선수가 되고 또 이제는 아무리 힘들어도 새로운 일에 도전하는 사람이 된 이유는 '만일…… 했다면' 이라는 푸념을 하고 싶지 않아서다. 이것이 내 인생의 가장 강력한 동기라고 하겠다. 흔들의자에 앉아 파이프 담배를 피우며 지나간 인생을 돌이켜 보는 일흔 살의 내 모습을 상상한다. '만일 그때 이랬더라면 또는 저랬더라면' 하며 아쉬워하고 있지는 않을까? 나는 실패를 두려워하지 않는다. 적어도 내가 시도해 봤다는 증거이기 때문이다. 새로운 일을 시도하다가 성공하면 다행이고 실패한다 해도 후회는 없다. 적어도 흔들의자에 앉아 '만일…… 했다면' 이라고 후회할 일은 없을 테니까.

— 맷 히스, 요트 선수

임종의 자리에서 할 수 있는 가장 최악의 말은 무엇일까? 개인적으로 꼭 피하고 싶은 두 가지 말이 있는데 하나는 '내가…… 했었다면' 이고 다른 하나는 '나도…… 할 수 있었는데' 이다.

살면서 우리는 이 두 가지 종류의 말을 하는 사람들을 끊임없이

240

만난다. 먼저 '내가…… 했었다면' 이라고 자신의 과거를 후회하는 이들은 안타깝고 불쌍한 사람들이다. 자신의 꿈을 이룰 기회가 왔을 때 용기가 없어 붙잡지 못했기 때문이다. 자신이 진정 원하는 것이 이룰 수 없는 신기루처럼 여겨졌기에 이들은 인생에서 자신이 원하는 것과 반대되는 안전한 선택을 해 왔다. 모험을 할 수는 없었다고 생각하지만 평생 아쉬움을 떨쳐 버리지 못한다.

다음으로 '나도…… 할 수 있었는데' 라고 말하며 자신의 과거에 핑계를 대는 사람들은 '할 수 있는' 일을 이루기 위해 진정 필요한 것이 무엇인지를 거의 이해하지 못하는 사람들이다.

거의 매주 한 번씩 나는 자기가 올림픽 국가대표에 뽑힐 수도 있었다고 주장하는 사람들을 만난다. 평소에 나는 웃으며 맞장구를 쳐 준다. "아, 그래요? 어떤 종목이었나요?" 그리고 재능이 있었지만 이러이러한 장벽들 때문에 아깝게 국가대표를 놓쳤다는 뻔한 이야기들을 참고 들어준다. 하지만 내가 정말 하고 싶은 말이자, 언젠가 참을성이 바닥났을 때 하게 될 말은 이것이다.

"이봐요, 못 나갈 만하니까 못 나간 겁니다. 어차피 나갈 사람은 다 나가게 되어 있어요."

올림픽 국가대표 선수가 되려면 단순히 재능만으로는 불가능하다. 동기 부여가 되어야 하고, 목표를 세우고 실행해 나갈 수 있어야 하며 자신을 희생하고 참고 견딜 줄 알아야 한다. 남들이 가지 않는 길을 가야 하는 것이다.

"조정 국가대표로 올림픽에 출전할 수도 있었는데 술과 여자 때문에 못 가고 말았다"는 식의 말들은 헛소리나 다름없다. 이런 사람들은 가끔 자기 삶의 다른 문제들에 대해서도 바빠서 운동을 할 시간이 없었다거나 일이 많아 아이들과 놀아 주지 못했다는 등의 비슷한 핑계를 댄다.

요즈음 나는 건강한 두 다리와 지금의 삶을 바꿀 생각이 있느냐는 질문을 자주 받는다. 내 대답은? 당연히 '아니요' 다. 암에 걸려 잃은 것보다 얻은 것이 훨씬 많기 때문이다.

이 책에서 여러분이 자기 인생의 주인공이 되려는 열정과 최고가 되려는 동기, 꾸준히 발전하기 위해 노력하는 자세와 후회 없는 삶을 사는 용기를 얻는다면 더 바랄 것이 없겠다.

먼저 처음 이 책을 제안해 준 존 모슬리와 캡스톤 출판사 여러분께 감사를 전한다. 데스 디어러브와 스튜어트 크레이너는 이 책의 얼개를 세우는 데 귀중한 조언을 해 주었다.

그리고 자신의 지식과 경험, 통찰을 기꺼이 나누어 준 지니 베이커, 리처드 컬린, 리처드 데이비스, 윌리엄 딜리, 존 던, 팀 이든 교수, 도나 프레이저, 레슬리 가사이드, 앨리 길, 맷 히스, 라스 허머, 쿠마르 카말라하란, 조지나 리, 길스 롱, 페트라 마르켈, 실라 로저스, 리처드 쇼, 데이비드 토머스, 에티엔 드 빌리에르에게도 감사의 인사를 전한다.

스티브 쿰버도 빼놓을 수 없는 귀중한 도움을 주었다. 중요한 질문을 던져 주고, 그에 대한 내 대답을 이해하며, 이 모두를 근사하게 조화시키는 그의 능력 덕분에 초고가 훌륭한 원고로 거듭날 수 있었다.

마지막으로 어머니와 하늘에 계신 아버지, 형 이언에게 이 책을 바친다. 가족들의 도움이 없었더라면 나는 결코 최선을 다하기 위해 노력한다는 말의 의미를 이해하지 못했을 것이다.

내 안에 있는 최고의 나

2009년 3월 모든 대한민국 사람의 눈과 귀는 세계 피겨 선수권 대회에 쏠렸다. 그 자리의 가장 빛나는 주인공은 김연아 선수였다. 하지만 팬들에게 강렬한 인상을 남긴 또 한 명의 선수가 있다. 안정적인 연기로 은메달을 수상한 캐나다의 조애니 로셰트 선수다. 대회가 끝난 후에 로셰트 선수가 인터뷰에서 한 말도 인상적이다. "다른 선수와의 경쟁도 중요하지만 그것이 전부는 아니라고 생각합니다. 항상 가장 중요한 상대는 자기 자신입니다. 나의 가장 큰 목표는 다음 시즌에도 개인 최고 기록을 넘어서는 것입니다." 로셰트가 말하는 '개인 최고 기록Personal Best'은 이 책의 원제이기도 하다.

이 책의 저자 마크 우즈는 영국 장애인 수영 국가 대표로 활동하다가 동기 부여 강사로 변신한 독특한 이력의 소유자다. 저자는 열일곱 살 때 갑작스럽게 골암 진단을 받고 왼쪽 다리를 절단했다. 그리고 수영을 시작하면서 인생의 의미를 되찾았다.

그의 이야기는 지난 5월 MBC 휴먼 다큐멘터리 〈사랑〉에 소개된

'로봇다리 세진이'를 연상케 한다. 두 다리가 없고 한 손이 불편한 중증 장애를 딛고 한국 최초의 패럴림픽 수영 메달리스트라는 꿈을 향해 씩씩하게 나아가는 세진이를 보면, 마크 우즈가 이 책에서 지적하듯 신체 일부가 없다는 사실이 삶의 장애를 결정하지 않는다는 것을 알게 된다.

어느 날 학교에 찾아간 저자는 아이들에게 장애에 대한 흔한 편견을 버리고 세상을 새롭게 보는 법을 알려주기 위해 이렇게 묻는다. "이 교실에서 누가 가장 몸이 불편할까?" 아이들은 저자라고 대답한다. "그럼 수영장에서 몸이 불편한 사람은 아저씨일까 너희일까?" 아이들은 고개를 갸웃거린다.

마크 우즈와 세진이의 공통점은 자신에게 닥친 시련을 통해 보통 사람보다 더 뛰어난 성취를 이루었다는 점이다. 열일곱의 겨울에 갑자기 닥친 암 선고는 평범한 소년이 자신의 인생을 처음부터 돌이켜 보고 인생의 관객이 아닌 주인공이 되기로 결심하는 계기가 되었다. 마크 우즈는 자신에게 주어진 삶의 여건을 최선을 다해 최대로 만끽하며 살고 있다. "건강한 두 다리와 지금의 삶을 바꾸겠느냐"는 누군가의 질문에 대한 저자의 대답은 단호하다. 그는 망설임 없이 "아니요"라고 말한다.

이 책은 분명 성공에 도달하는 길을 가르치고 있지만 여기서 말하는 성공은 경쟁과 승부에서 남을 꺾고 1등을 차지하는 성공이 아니다. 다른 사람이 아닌 자신의 잠재력과 싸우며 자기 인생의 주인공이 되기 위해 최선을 다하는 것, 개인 최고 기록을 설정하고 스스로에게 끊임없이 동기를 부여하며 고된 훈련을 견디는 것, 요컨대 내 안에 있는 최고의 나를 끊임없이 찾는 것이 이 책이 가르치는 성공의 길이다. 그 땀과 노력의 달디 단 열매를 맛보기까지 이 책이 여러분에게 훌륭한 길잡이가 되기를 바란다.

2009년 12월

나현영

샨티의 회원제도 안내

샨티는 사람과 사람, 사람과 자연, 사람과 신과의 관계 회복에 보탬이 되는 책을 내고자 합니다. 몸과 마음과 영혼이 건강해질 수 있는 책을 내고자 합니다. 만드는 사람과 읽는 사람이 직접 만나고 소통하고 나누기 위해 회원제도를 두었습니다. 책의 내용이 글자에서 머무는 것이 아니라 우리의 삶으로 젖어들 수 있도록 함께 고민하고 실험하고자 합니다. 여러분들이 나누어주시는 선한 에너지를 바탕으로 몸과 마음과 영혼에 밥이 되는 책을 만들고, 즐거움과 행복, 치유와 성장을 돕는 자리를 만들어 더 많은 사람들과 고루 나누겠습니다.

샨티의 회원이 되시면……

샨티 회원에는 잎새 · 줄기 · 뿌리(개인/기업)회원이 있습니다. 잎새회원은 회비 10만 원으로 샨티의 책 10권을, 줄기회원은 회비 30만 원으로 33권을, 뿌리회원은 개인 100만 원, 기업/단체는 200만 원으로 100권을 드립니다. 그 외에도,

— 추가로 샨티의 책을 구입할 경우 20~30%의 할인 혜택을 드립니다.
— 신간 안내 및 각종 행사와 유익한 정보를 담은 〈샨티 소식〉을 보내드립니다.
— 샨티가 주최하거나 후원 · 협찬하는 행사에 초대하고 할인 혜택도 드립니다.
— 뿌리회원의 경우, 샨티의 모든 책에 개인 이름 또는 회사 로고가 들어갑니다.
— 모든 회원은 아래에 소개된 샨티의 친구 회사에서 프로그램 및 물건을 이용 또는 구입하실 때 할인 혜택을 받으실 수 있습니다.

• 문성희의 자연식 밥상 요리강좌 수강료 10% 할인
  문성희의 평화가 깃든 밥상 학교, 070-8153-8642, sudhamoon@gmail.com
• 오늘 행복하고 내일 부자되는 '포도에셋' 재무설계 상담료 20% 할인
  http://www.phodo.com
• 대안교육잡지 격월간 《민들레》 정기 구독료 20% 할인
  http://www.mindle.org
• 부부가 정성으로 농사지은 설아다원의 유기농 녹차 구입시 10% 할인
  http://www.seola.kr

＊ 친구 회사는 앞으로 계속해서 늘려나갈 예정입니다.
＊ 회원제도에 대한 더 자세한 사항은 샨티 블로그 http://blog.naver.com/shantibooks 를 참조하십시오.

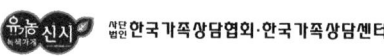